全国高等院校会计与财务管理专业改革创新示范规划教材

新编统计学原理

主　编　韦东　曾祥慈

中国商业出版社

图书在版编目(CIP)数据

新编统计学原理 / 韦东，曾祥慈主编. —— 北京：中国商业出版社，2020.1
ISBN 978-7-5208-0914-6

Ⅰ.①新… Ⅱ.①韦…②曾… Ⅲ.①统计学-高等学校-教材 Ⅳ. ①C8①

中国版本图书馆 CIP 数据核字(2019)第 202279 号

责任编辑:蔡凯

中国商业出版社出版发行
010-63180647 www.c-cbook.com
(100053 北京广安门内报国寺 1 号)
新华书店经销
涿州市荣升新创印刷有限公司印刷

*

787 毫米×1092 毫米 1/16 开 12 印张 260 千字
2020 年 1 月第 1 版 2020 年 1 月第 1 次印刷
定价:45.00 元

* * * *

(如有印装质量问题可更换)

编写说明

本书是根据教育部新颁布的专业教学标准，按照我国新颁布的税收征管法及其实施细则、新的会计准则，又参照《中华人民共和国统计法》(修订本)有关条款，将原有的统计方法与国际惯例有机融合编写而成的。

本教材具有以下特点：

1.“新”。该教材内容新颖、紧扣国家新颁布的各项财经政策和法规。

2.“强”。该教材具有较强的前瞻性，当前国家财税改革节奏日益加快，财经类教材更新节奏也越来越快。本教材在课程设计时，尽量符合教学规律，且具有一定的延续性。

3.“巧”。本教材结构巧妙。遵循“必需、可教、可学、够用”的原则构思，以案例模块的方式编写，丰富了教学内容。

本书可作为高等院校财经类和其他相关专业教材使用。本书由北京科技职业学院财智学院韦东院长，江西经济管理干部学院曾祥慈老师担任主编。共同精心编写而成。由于时间紧，任务重，加之作者水平有限，书中难免有不妥之处，敬请广大读者批评指正。

编者

2020 年 1 月

目 录

第 1 章　绪　论 …… 1

§ 1.1 统计与统计学的产生、发展和含义 …… 3

§ 1.1.1 统计与统计学的产生与发展 …… 3

§ 1.1.2 统计学的基本含义 …… 7

§ 1.2 统计学的性质和研究对象 …… 7

§ 1.2.1 统计学的性质 …… 7

§ 1.2.2 统计学的研究对象及其特点 …… 9

§ 1.3 统计学的理论基础和方法 …… 10

§ 1.3.1 统计学的研究方法 …… 10

§ 1.3.2 统计学的理论基础 …… 14

§ 1.4 统计学的基本概念 …… 15

§ 1.4.1 统计总体和总体单位 …… 15

§ 1.4.2 统计标志和标志表现 …… 17

§ 1.4.3 统计指标和指标体系 …… 18

第 2 章　统计调查 …… 23

§ 2.1 统计调查的资料收集方式和方法 …… 24

§ 2.1.1 统计调查的意义 …… 24

§ 2.1.2 统计调查的分类 …… 25

§ 2.1.3 统计调查资料的搜集方法 …… 26

§ 2.1.4 统计调查误差 …… 28

§ 2.2 统计调查体系 …… 29

§ 2.2.1 普查 …… 29

§ 2.2.2 抽样调查 …… 31

§ 2.2.3 统计报表 …… 31

§ 2.2.4 重点调查 …… 33

§ 2.2.5 典型调查 …… 33

§ 2.2.6 问卷调查 …… 34

§ 2.3 统计调查方案 …… 39

§2.3.1 确定调查目的和任务 …… 39
§2.3.2 确定调查对象和调查单位 …… 40
§2.3.3 确定调查项目 …… 40
§2.3.4 制定调查表 …… 40
§2.3.5 确定调查时间和时限 …… 41
§2.3.6 确定调查工作的组织实施计划 …… 42

第3章 统计数据的整理 …… 47
§3.1 统计数据整理概述 …… 47
§3.1.1 统计整理的概念及意义 …… 47
§3.1.2 统计整理的原则和内容 …… 48
§3.1.3 数据的预处理 …… 49
§3.2 统计数据分组与频数分布 …… 50
§3.2.1 统计分组的含义 …… 50
§3.2.2 统计分组的原则 …… 51
§3.2.3 统计分组的作用 …… 51
§3.2.4 统计分组的方法 …… 53
§3.2.5 统计分组的类型 …… 54
§3.3 分布数列 …… 57
§3.3.1 分布数列的概念和种类 …… 57
§3.3.2 变量数列的编制 …… 61
§3.3.3 次数分布的类型 …… 63
§3.4 统计表和统计图 …… 65
§3.4.1 统计表的概念和作用 …… 65
§3.4.2 统计表的构成及种类 …… 65
§3.4.3 统计表的设计 …… 67
§3.4.4 统计表的编制方法和步骤 …… 68
§3.4.5 统计图 …… 74

第4章 统计特征值 …… 78
§4.1 总量指标 …… 79
§4.1.1 总量指标的概念与作用 …… 79
§4.1.2 总量指标的特点 …… 80

§4.1.3 总量指标的种类 …… 80
§4.2 相对指标 …… 82
§4.2.1 相对指标的概念与作用 …… 82
§4.2.2 相对指标的表现形式 …… 82
§4.2.3 相对指标的种类及其计算方法 …… 83
§4.3 集中趋势的测定 …… 88
§4.3.1 平均指标的意义和种类 …… 88
§4.3.2 算术平均数的概念及计算方法 …… 89
§4.3.3 几何平均数的概念及计算方法 …… 92
§4.3.4 中位数的概念及计算方法 …… 93
§4.3.5 众数的概念及计算方法 …… 95
§4.3.6 算术平均数、中位数和众数的关系 …… 97
§4.4 标志变异指标 …… 98
§4.4.1 标志变异指标的意义和作用 …… 98
§4.4.2 全距的概念及计算方法 …… 99
§4.4.3 平均差的概念及计算方法 …… 99
§4.4.4 方差和标准差的概念及计算方法 …… 101
§4.4.5 离散系数 …… 103

第5章 统计指数 …… 105
§5.1 统计指数的概念与分类 …… 107
§5.1.1 统计指数的概念 …… 107
§5.1.2 统计指数的分类 …… 108
§5.1.3 统计指数的性质与作用 …… 110
§5.2 综合指数的编制方法 …… 112
§5.2.1 综合指数的意义和特点 …… 112
§5.2.2 综合指数编制的原则和方法 …… 113
§5.3 平均数指数的应用 …… 120
§5.3.1 平均数指数的含义 …… 120
§5.3.2 平均数指数的计算 …… 120
§5.3.3 平均数指数的应用 …… 122
§5.3.4 统计指数体系和因素分析 …… 123

第 6 章 抽样推断 …… 131
§6.1 抽样推断的基本理论 …… 132
§6.1.1 抽样推断的基本概念 …… 132
§6.2 抽样误差 …… 137
§6.2.1 抽样误差的概念 …… 137
§6.2.2 抽样平均误差 …… 139
§6.2.3 抽样极限误差 …… 142
§6.3 抽样推断 …… 143
§6.4 抽样组织形式及抽样方案的设计 …… 147
§6.4.1 抽样组织形式 …… 147

第 7 章 相关分析与回归分析 …… 154
§7.1 相关关系 …… 155
§7.1.1 相关关系的概念 …… 156
§7.1.2 相关关系的种类 …… 157
§7.1.3 相关分析的主要内容 …… 158
§7.1.4 相关关系程度的测定方法 …… 159
§7.2 线性回归模型——一元线性回归 …… 163
§7.2.1 回归分析的概念 …… 163
§7.2.2 一元线性回归分析 …… 164
§7.2.3 应用回归分析应注意的若干问题 …… 166

第 8 章 时间数列 …… 167
§8.1 时间数列概述 …… 168
§8.1.1 时间数列的概念和意义 …… 168
§8.1.2 时间数列的种类 …… 169
§8.1.3 时间数列的编制原则 …… 170
§8.2 时间数列的水平指标 …… 171
§8.2.1 时间数列的发展水平 …… 171
§8.2.2 时间数列的平均发展水平 …… 172
§8.2.3 时间数列的增长量 …… 178
§8.2.4 时间数列的平均增长量 …… 179
§8.2.5 发展速度与增长速度 …… 180

第1章　绪　论

★ 知识目标

1.掌握统计的含义。

2.掌握统计的研究对象与方法。

3.掌握统计学中的几个基本概念和相互关系。

★能力目标

1.熟悉统计方法。

2.能将统计的基本概念和方法与身边的事物联系起来。

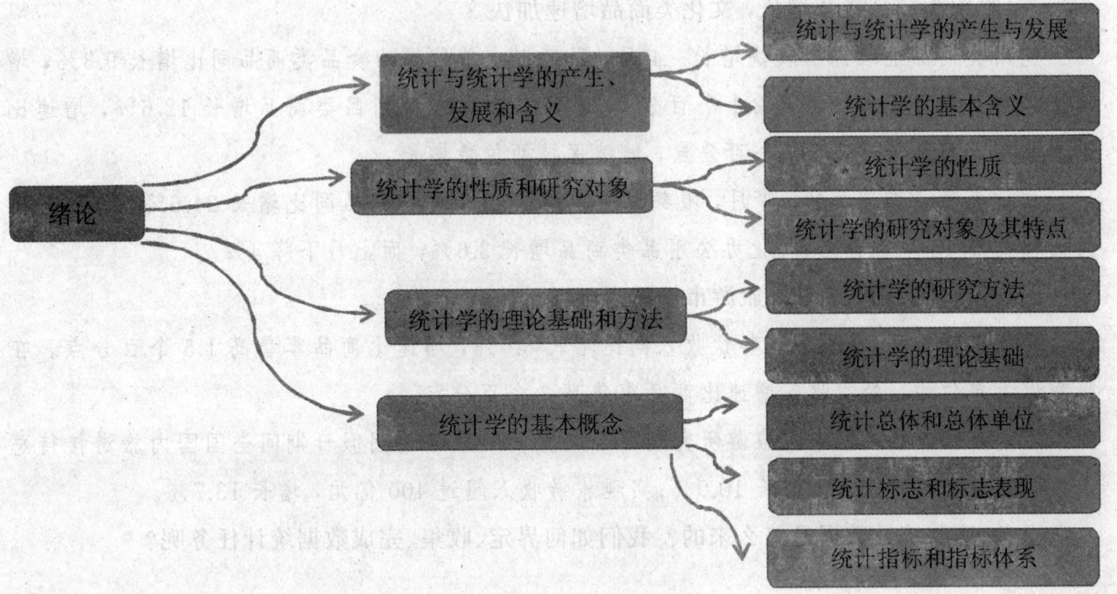

引导案例

2019 年 5 月，国家统计局贸易外经司统计师张敏解读 2019 年 4 月社会消费品零售总额数据。

张敏称，2019 年 4 月，社会消费品零售总额增速回落主要是受五一假期错月后移影响，如果剔除假日移动因素，消费品市场总体上仍保持平稳增长。

一、市场销售规模可观，剔除五一假日因素增长基本平稳

从市场规模看，4 月社会消费品零售总额达 30586 亿元，继续保持单月 3 万亿元以上的零售市场规模，日均零售额超过 1000 亿元；1—4 月，消费品市场规模比上年同期扩大，超过 9500 亿元。

从增长速度看，4 月社会消费品零售总额同比增长 7.2%，增速比上月回落 1.5 个百分点，主要是受五一假期移动(去年假期三天中有两天在 4 月)影响。据测算，如果剔除假日移动因素，4 月增速与 3 月基本持平。

从前 4 个月总体情况看，1—4 月社会消费品零售总额增长 8.0%，消费品市场总体上仍保持平稳增长态势。

二、网上零售保持快速增长，线上销售占比稳步提升

新兴业态继续快速增长。1—4 月，全国网上零售额达 30439 亿元，同比增长 17.8%，其中实物商品网上零售额达 23933 亿元，增长 22.2%，增速比一季度加快 1.2 个百分点。

线上销售占比持续提升。1—4 月，实物商品网上零售额占社会消费品零售总额比重为 18.6%，比一季度提高 0.4 个百分点，比上年同期提高 2.2 个百分点。

三、吃用类商品较快增长，文化类商品增速加快

吃用类商品继续保持较快增长。4 月，限额以上单位粮油食品类商品同比增长 9.3%，增速比消费品市场整体增速高 2.1 个百分点；限额以上单位日用品类商品增长 12.6%，增速比消费品市场整体增速高 5.4 个百分点，继续保持两位数增长。

文化类商品增速加快。4 月，限额以上单位书报杂志类商品同比增长 24.6%，增速比上月大幅提高 15 个百分点；文化办公用品类商品增长 3.6%，而上月下降 4%。

四、餐饮消费增长较快，旅游市场需求旺盛

餐饮市场方面，4 月份，餐饮收入同比增长 8.5%，增速比商品零售高 1.5 个百分点。在限额以上单位中，餐饮收入增速比商品零售高 3 个百分点。

旅游市场方面，据中国旅游研究院综合测算，2019 年清明假日期间全国国内旅游接待总人数超过 1 亿人次，同比增长 10.9%；实现旅游收入超过 400 亿元，增长 13.7%。

思考：这些统计数据是怎么来的？我们如何界定、收集、完成数据统计任务呢？

§1.1 统计与统计学的产生、发展和含义

§1.1.1 统计与统计学的产生与发展

统计是随着社会生产发展和适应国家管理需要而产生发展起来的。统计作为收集、整理数据资料的一种社会实践活动，源远流长。“统计”一词起源于欧洲，最早出现于拉丁语status，是指各种现象的状态和状况。虽然这门学科是在欧洲正式建立的，但其实我国早已将统计学应用于治国之策中了。

早在原始社会，人类为生存需要，对采集、捕猎的食品计数分配，已包含了对社会经济现象的数量进行统计的萌芽。公元前21世纪建立的夏朝，已有国土、人口统计，史称：大禹治水，分华夏大地为九州，面积24388024顷，人口13553923人。春秋战国时期，诸侯以兵员、乘骑、车辆比较各自军事实力，开始有军备统计。公元前3000多年，秦国著名的商鞅在《商君书·去强篇》中写道：“欲强国，不知国十三数，地虽利，民虽众，国愈弱至削。”商鞅劝君王掌握人口分类数、粮草牛马的基本数据以作为富国强兵的重要手段，足见古人对统计的重视。到了汉朝，已有关于全国郡县、疆界、货币数量的详细记载。明朝初期编制黄册，统计全国户口，编制鱼鳞册，绘制全国土地分布统计图表，形成相当规模的统计调查活动，建立了比较完备的人口统计登记制度。

从统计学的产生和发展过程来看，可以把统计学划分为古典统计学、近代统计学和现代统计学三个时期。

1.古典统计学时期

古典统计学时期指的是17世纪末至18世纪末的统计学萌芽时期。分记述学派和政治算术学派两大学派。

(1)记述学派

记述学派又称国势学派，产生于18世纪。所谓“国势学”就是以文字来记述国家的显著事项的学说，提出这一学说的学派称为记述学派，它的发源地是德国。由于当时在德国许多大学里讲授国势学这个课程，故又称为德意志大学教授学派。主要代表人物为海尔曼·康令(H.Conring，1606—1681)和高特弗里德·阿亨瓦尔(G.Achenwall，1719—1772)。

最早讲授国势学的是海尔曼·康令，他第一个在德国赫尔莫斯达德大学讲授“欧洲最近国势学”，奠定了国势学的基础。高特弗里德·阿亨瓦尔在哥廷根大学开设“国家学”课程，其主要著作为《欧洲各国国势学概论》。主要研究“一国或多数国家的显著事项”。国势学派在研究各国的显著事项时，主要是用对比分析的方法研究关于国家组织、人口、军队、领土、财产等国情、国力，以比较各国实力的强弱，在研究时偏重事物性质的解释，而不重视数量的分析。

这个学派是歌颂普鲁士君主政体的。随着资本主义的发展，对数量关系的计算变得越来越需要，该学派发生了分裂，分化出表式学派，并逐步发展为政府统计。

国势学派所研究的是历史学的组成部分，属实质性的社会科学。这一学派对统计学的贡献是：

①阿亨瓦尔在1749年首先提出“统计学”这一学科名词，它把“国势学”称为“Statistics”即“统计学”，这个名词一直沿用至今。

图1—1　G.阿亨瓦尔

②提出了统计学的一些术语，如“统计数字资料”“数字对比”等。国势学派主要用对比方法研究各国实力的强弱，在对比方面是比较成功的。

(2)政治算术学派

政治算术学派产生于17世纪中期，其发源地在英国伦敦，代表人物是威廉·配第(W. Petty，1623—1687)，配第写了著名的《政治算术》一书，书中用大量的数字对英、法、荷三国的经济实力进行比较，采用了与过去不同的传统方法，用数字、重量和尺度来表达他自己想说的问题。马克思对威廉·配第评价很高，认为他是“政治经济学之父，在某种程度上也可以说是统计学的创始人”。

政治算术学派的另一代表人物是约翰·格朗特(J.Graunt，1620—1674)，他利用政府公布的人口变动资料，撰写了统计著作《关于死亡表的自然和政治的观察》。首先提出通过大量观察，男女婴儿出生比例是比较稳定的，创造性地编制了初具规模的“生命表”，对各种年龄的死亡率与人口寿命作了分析。

政治算术学派是用计量方法研究社会问题，大量运用观察法、分类法以及对比、综合、推算等方法解释与说明社会经济生活。他们在自己的著作中初具规模地建立了社会经济统计的研究方法，但由于受历史经济等条件的限制，在很大程度上还处于统计核算的初期阶段，只能以简单、粗糙的算术方法对社会经济现象进行计量和比较。

政治算术学派虽然以数字表示事实，但它还未从政治经济学中分化出来，这一学派所探讨的规律，都是用数字表示的社会经济规律，所以也属于实质性的社会科学。它与国势学派相比较，一是无统计学之名，有统计学之实；二是有统计学之名，无统计学之实。

2.近代统计学时期

近代统计学时期指的是18世纪末到19世纪末的一百多年时间，在这个时期统计学又形成了许多学派，其中主要是数理统计学派和社会统计学派。

(1)数理统计学派

数理统计学派产生于19世纪中期，以比利时的凯特勒(A.Quetelet，1796—1874)作为奠基人，著有《社会物理学》一书。他最先运用大数定律论证社会生活现象并非偶然，而有其发展规律性。另外，他还运用概率论原理，提出了“平均人”的概念，即人是具有平均身高、平均体重、平均智力和道德品质的典型人物。统计的任务是关于平均人的比较研究，如社会所有的人同平均人的差异愈小，社会矛盾就可以得到缓和。这一理论对于误差法则理论、正态分布理论等有一定的影响。

凯特勒认为，统计学既研究社会经济现象又研究自然现象，是一门独立的方法论科学。凯特勒的努力初步完成了统计学与概率论的结合，使统计学开始进入了一个新的阶段。可以这样说，凯特勒既是古典统计学的完成者，同时也是数理统计学派的奠基人，被西方统计学界誉为近代统计学之父。

图1—2 凯特勒(Lambert Adolphe Jacques Quetelet)

随着统计学的发展，对概率论方法的运用逐步增加，同时自然科学的迅速发展和技术不断进步对数理统计的方法有进一步的要求，数理统计学派就从统计学中分离出来自成一派。它从19世纪末以来逐步形成，主要在英、美等国发展起来，故又称英美数理统计学派。

(2)社会统计学派

19世纪后期，正当英美数理统计学派刚开始发展的时候，在德国兴起了社会统计学派。社会统计学派以德国为中心，由德国大学教授克尼斯(K.G.A.Knies，1821—1898)首创，主要代表人物为恩格尔(C.L.E.Engel，1821—1896)和梅尔(G.V.Mayr，1841—1925)，他们认为统计学是一门社会科学，是研究社会现象变动原因和规律性的实质性科学。社会统计学派认为统计学所研究的是社会总体而不是个别的社会现象，由于社会现象的复杂性和总体性，必须对总体进行大量的观察和分析，研究其内在联系，以反映社会现象的规律。社会统计学派一方面研究社会总体，另一方面在研究方法上采用大量观察法，这两方面构成了它们“实质性科学”的两大特点。

社会经济的发展，要求统计学提供更多的统计方法；社会科学本身不断地向细分化与定量化发展，也要求统计学能提供更多更有效的调查、整理、分析资料的方法。所以，社会统计学派逐步从实质性科学向方法论转化。社会统计学派虽然向方法论过渡，但是仍然强调以现象的质为前提，如德国法兰克福大学教授弗拉斯卡姆波(P.Flas～kamper)，是第二次世界大战后社会统计学派的重要人物，他吸收了英美数理统计学派的通用方法论，把自然领域中的方法也应用于社会现象，但他认为社会现象的核心，即质的规定性，不可能全部转化为以量来表示。

3.现代统计学时期

现代统计学时期指的是从20世纪初到现在的数理统计学时期。在这个时期，数理统计在随机抽样基础上建立起推断统计学。它是一种以随机抽样为基础推论有关总体特征的方法，导源于英国数学家戈塞特(N.S.Gosset，1876—1936)的小样本t分布理论。其后得到费暄(R.A.Fish-er，1890—1962)的充实，并由波兰统计学家尼曼(J.Neyman，1894—1981)以及E.S.皮尔生(K.皮尔生之子)等人加以发展，建立了假设理论。其后，美国统计学家瓦尔德(A.Wasld，1902—1950)将统计学中的估计和假设理论予以归纳，创立了“决策理论”。美国的威尔克斯(S.S.Wilks，1906—1964)、英国的威萨特(J.Wishart，1898—1956)等对样本分布理论也有贡献。美国的科克伦(W.G.Cochran，1909—1980)等在1957年提出实验设计的理论和方法，拓宽了统计学的范围。20世纪60年代以后，数理统计学的发展有三个明显的趋势：

(1)随着数学的发展，数理统计学越来越广泛地应用于数学方法。

(2)数理统计学的新分支或以数理统计学为基础的边缘学科不断形成(新分支如抽样理论、非参数统计、多变量分析和时间序列分析等；边缘学科如经济计量学、工程统计学、天文统计学等)。

(3)数理统计学的应用日益广泛而深入，特别是借助电子计算机后，数理统计学所能发挥的作用日益增强。

数理统计学家把统计学当作通用于各种现象的方法论科学。社会主义国家的社会经济统计学，是从苏联十月革命后逐步建立和发展起来的。社会经济统计学是以辩证唯物主义和历史唯物主义以及马克思主义政治经济学为其理论指导的。其学术渊源来自古典统计学和凯特勒确定的近代统计学，且深受德国社会统计学派的影响。例如，莫斯科大学教授丘普洛夫认为统计学是一门社会科学，其特点是利用大量观察法调查社会现象的事实，以发现其中的规律和可能地确定其发生的原因。1954年，苏联统计科学会议通过的关于统计学定义的决议把统计学作为一门研究社会经济规律的实质性社会科学，继承了德国社会统计学派的观点。

从 60 年代起苏联的上述观点已开始有所改变，到 70 年代有的学者提出把统计学看作一门通用的方法论学科，为此引起一场新的争论，但绝大部分学者仍同意 1954 年苏联统计科学会议所通过的决议。

我国的社会经济统计学是直接从苏联引进的，在统计理论方面与苏联相似。

随着数学的发展，统计学越来越广泛地应用于数学方法，成为通用方法论科学；统计学的新的分支和以统计为基础的边缘学科不断形成，统计学的应用日益广泛深入；随着计算机技术被引入统计领域，统计学的面目焕然一新。当前，现代统计学仍处于不断发展之中。

§1.1.2 统计学的基本含义

统计一词来源已久，其含义屡有变化，汉语中“统计”原为合计或汇总计算的意思。英语中的“统计”最早出自拉丁语的“Status”，指的是各种现象的状态和状况，后统计一词在英语中演变为“statistics”，即统计学和统计资料。事实上，统计除了上述两层含义外，还包括统计工作。

统计工作，即统计实践活动，是对客观现象的数量方面进行搜集、整理和分析的活动过程。统计资料是指反映客观现象数量方面的数字或情况，是统计工作的直接成果。统计工作的好坏直接影响统计资料的数量和质量。统计工作的发展需要统计理论的指导。统计学是一门认识社会和自然的方法论科学，它来源于统计工作，是统计工作经验的理论概括，反过来，又用理论和方法指导统计工作，推动统计工作不断提高。由于以上三者之间具有如此密切的关系，所以习惯上，我们把这三者统称为统计。

§1.2 统计学的性质和研究对象

§1.2.1 统计学的性质

1.统计学是一门方法论的科学

统计学是研究有关收集、整理和分析数据从而对研究的对象加深认识并作出一定结论的方法和理论。它是一门方法论的科学。

在统计学界对统计学的性质有实质性科学和方法论科学之争。我们认为，统计学是一门实用性很强的科学。就统计工作来说，它总是研究实际问题的，统计的方法也是从现实问题中产生的。然而统计学的发展有一个过程，早期的国势学派和政治算术学派虽然也利用一些统计方法来记述和分析现实问题，但是，还没有形成独立的统计学。随着统计方法的广泛应用，其内容也不断充实和发展，特别是概率论的发展为统计学提供了方法论基础，使统计的方法相对独立地形成了自己的科学体系。其内容包括一系列描述分析和推断分析方法。这些方法构成了统计学的基本内容。我们将在以后各章分别介绍。

2.统计是一种认识武器，是一种有效的调查研究方法

统计研究是一种认识活动，是一个对客观事物的认识过程；统计活动的具体形式是进行调查研究，又必然体现为一个调查研究的工作过程。

统计的认识过程是：从定性认识到定量认识，再到定量与定性相结合。统计认识活动必须从对客观事物的定性认识开始。例如，调查居民家庭收入，必须首先要把居民家庭收入的概念搞清楚，把计算范围、计算方法等确定下来，才能进行调查。

在定量认识时，是从对个体数量表现的认识过渡到对总体数量特征认识的过程，即从调查每一户居民的收入情况开始，经过计算整理得出对居民家庭收入水平总体情况的认识。然而，这种定量认识还不是统计认识的终结，还必须与新的定性认识相结合，即调查结果所形成的数据说明这一地区居民家庭收入究竟达到了一个什么水平：是贫困、温饱，还是小康；有多少户还处于贫困线以下，有多少户达到温饱或小康水平等。

统计认识过程体现为调查研究工作的过程则是：统计设计、统计调查、统计整理、统计分析四个阶段。

①统计设计是对整个统计工作作出全面计划安排的阶段，包括确定统计研究目的，设计统计指标与统计指标体系和统计分组，制订调查、整理、分析研究的方案等，这是统计工作顺利进行的前提。

②统计调查是具体地收集原始资料的阶段，是整个统计工作的基础。

③统计整理是对收集来的原始资料进行加工整理的过程，是从个体数量表现过渡到整体数量特征的汇总计算阶段，是进行统计分析的前提。

④统计分析是运用科学方法，对统计资料进行研究，对客观事物得出定量与定性相结合的深刻认识的阶段。它利用一系列描述分析方法和推断分析方法深刻认识事物的特征。

因此，统计既是一种认识武器，又是一种有效的调查研究方法。

我们认为，社会经济统计学是统计学中一门相对独立的统计学科。因为在统计学中，除了社会经济统计学以外，还有数理统计学、自然领域方面的统计学（如生物统计学、天文统计学、气象统计学等），它们都是统计学这个大家族的成员。它们之间既有共性又有异性，既有区别又有联系，但它们又是不能互相替代的。对社会经济统计学对象和性质的研究是有重要意义的，它对于统计理论的发展和实际工作都有重大影响。它对统计学对象和性质的看法决定统计学科研究的方向，决定教学计划和教学内容，对实际统计活动思想指导方面也产生重要影响。正确的看法起促进作用，有局限性的看法一方面起促进作用，另一方面又会起限制作用。本书是按上述方法论学派观点编写的。同时我们认为这个问题可以在马克思主义指导下，按照百花齐放、百家争鸣的方针继续进行讨论和研究。统计学发展的历史表明，它是在各种学派同时并存、相互渗透、相互促进中发展起来的。

§1.2.2 统计学的研究对象及其特点

1.统计学的研究对象

统计学理论的产生、发展是一个历史过程，各个不同的统计学派对统计理论的争议，长期以来集中于统计学的研究对象、研究范围、研究方法以及学科性质上，至今尚未形成完全统一的定义或解释。但也正是在仁者见仁、智者见智的长期争鸣中，丰富了统计学的基本理论，推动着统计学的不断发展。

统计学的研究对象是社会经济统计的认识活动过程，即认识社会经济总体数量方面的一种调查研究活动过程。社会经济统计活动既是一个认识活动过程，又是一个组织管理过程。因此，可以从两个角度来研究。

第一，从认识活动过程角度来研究。研究社会经济统计认识活动过程的规律和方法，即研究如何正确反映客观总体现象的数量方面。其中心内容是社会经济认识活动是怎样进行的，它的活动方式和方法受什么因素制约，用什么方法、遵循什么原则才能反映社会经济总体的实际情况，怎样深入认识社会经济总体及其发展的数量规律性等。这种研究及其成果一般称为社会经济统计学。

第二，从统计学活动组织管理过程的角度来研究。这种研究和成果称为统计组织管理学。这个学科过去积累了大量资料，并进行了不少研究，它的理论体系正在形成中。因此，在明确了统计学的研究对象为社会经济统计的认识活动过程之后，还要进一步明确:它的研究内容是社会经济总体认识活动过程的规律和方法。

统计活动不仅要运用社会经济科学所总结的理论和方法，同时还要受哲学、社会经济实质性学科、统计组织管理学等学科的指导，并且还要受党和国家的方针政策的指导。如果把统计活动比作物质生产活动，统计学则相当于指导经营管理活动的有关学科。物质生产活动除了受这两类学科的指导以外，还要受其他许多学科的指导，要受党和国家的方针政策的指导，并要遵守国家的法律。社会经济统计活动也同样如此。

2.统计学的研究对象的特点

统计作为一种特殊的调查研究活动，与其他调查研究活动相比较，其研究对象主要有以下四个特点。

(1)数量性。统计的认识对象是客观现象的数量方面，包括：

①数量多少。如一个国家或地区人口，粮食产量的规模、水平等。

②各种现象之间的数量关系。如人口数量中的男、女比例，各种年龄人口的比例;再如粮食产量与人口的比例等。

③质与量互变的数量界限。例如，某个地区生活收入的贫困线是多少，达到温饱、小康的水平又是多少。统计既要研究上述数量的现状，又要研究它们的过去和未来，研究它们的发展变化规律。

(2)总体性。统计认识对象是指客观现象总体的数量。应用大量观察法综合地反映客观事物的发展水平、速度、构成和比例关系，研究总体的综合数量特征，而不是研究个别事物(现象)的数量。尽管它是以个体事物数量的认识为起点。

(3)具体性。统计活动所调查研究的是客观现象的具体的数量，具有实际的经济内容。它是在质的规定条件下，研究量的特征，有别于纯数量的数学研究。

(4)广泛性。统计的调查研究对象既涉及社会经济生活的各个领域，也涉及自然科学的各个领域。凡涉及通过数量反映事物特征的各个领域和方面，都有统计存在。

§1.3 统计学的理论基础和方法

§1.3.1 统计学的研究方法

统计学的研究方法，一方面是指对统计学研究的认识方法，另一方面是指对统计学研究的具体方法。

1.统计研究的一般认识方法

统计研究的认识方法，是指用辩证唯物主义的观点认识统计研究的特点和一般规律性。首先，由于运用范围和普遍性程度的不同，认识方法有不同的层次，最高层次是哲学方法，它是适用于所有领域的根本方法，提供最根本的指导原则，可称为普遍方法。其次是一般认识方法，如基本的逻辑方法、数学方法、系统方法、调查研究方法等。这些方法适用于所有科学领域。这些方法是各种专门方法的概括和总结，是哲学方法的具体化。最后则是各门具体学科特有的方法。每一门具体学科都有自己特殊的研究对象和目的，与之适应就会产生该学科所使用的特殊方法。也可以说是前两个层次的方法在具体学科内的应用和发展。各种认识方法不是孤立的，而是相互联系、相互制约的。研究任何一个对象或问题，都不可能单纯依靠一种方法，也不能单纯依靠它特有的方法，总是综合地运用各个层次的方法。社会经济统计本身就是一种认识方法，是认识社会现象时普遍应用的一种方法。

社会经济统计方法是认识社会经济总体数量方面的步骤和手段，但是在这一认识过程中只用统计的特有方法是不够的，一定要综合运用哲学方法、一般方法以及统计特有的方法。统计认识活动过程的基本特点辩证唯物主义认识论，是研究一般认识过程、研究人类认识基于实践的发生和发展的全过程的一般规律和形式，为人们提供科学的认识程序和认识方法。社会经济统计是对总体数量方面的认识活动，在符合一般认识规律的前提下有它自己的特点。特点是对一般认识过程而言的，而对统计认识活动来讲则具有一般性。其基本特点有如下四个方面：

(1)是从定性认识到定量认识的过程，是定量认识与定性认识相结合的过程。定性认识是指对客观事物质的确定性的研究和认识，即对于客观事物的性质、特点、界限、关系和运动过程的认识。定量认识是对客观事物存在和发展规律、水平、构成、速度等量的方面的认识。定性认识是定量认识的前提和基础，定量认识则使人们的认识更加具体、精确和深入。对客观事物的认识过程就是这两种认识密切结合、交替发展的过程。社会经济统计要从数量方面认识社会经济现象，但它不是从量的认识开始，也不是从收集资料开始，而是从对社会经济总体的定性认识开始的。为了从数量方面认识总体现象，首先要确定总体的内涵和范围，确定反映总体数量特征的一套统计指标和统计分类，要先了解总体和外部的有机联系，然后才可能去收集资料，进行汇总、计算和分析研究。在统计认识的整个过程中，定量认识总是和定性认识结合在一起的，只是在不同阶段的侧重点有所不同。

(2)统计认识过程是从个体的实际表现到总体的数量表现的过程，是总体、局部和个体相结合的过程。

在运用定性研究和认识解决了总体范围、分类、指标及口径等问题之后，统计认识要从了解的实际情况出发，然后过渡到从数量上描述和研究总体。例如，人口统计从了解每个人或每个家庭的情况开始，经过收集资料和整理资料的活动过渡到描述和研究总体的情况。这里说的从总体上描述的研究，不只是计算总数量，也包括局部的量和个体的量，但它是从总体的角度来观察和研究局部和个体的。统计学的一个重要内容就是研究从个体到总体的过渡过程，要研究从收集个体的资料过渡到总体资料的步骤、方法和技术，怎样保证统计数据的质量，以及总体数量状况的表现形式和分析研究的方法，等等。

(3)统计认识过程是从特殊的数量表现到一般的数量表现的过程，是特殊和一般相结合的过程。

这个过程的目的是使人们的认识进一步深化和提高，得到关于社会经济现象数量规律性的认识。统计学中的许多方法都是为这种认识服务的，如平均发展速度、动态数列的修匀、相关和回归、投入产出法等。这里说的"一般的数量表现"常常表现为一定的常数或某种关系式。例如，各种定额、最佳积累率、平均发展速度、回归方程式等。在社会经济统计中，这种常数或关系只具有相对的稳定性，随条件的变化而发生变化。但它们在实际工作中是非常有用的，是在一定条件下判断情况好坏、正常与否的一种重要标准，是计算和预测的根据。

(4)统计认识过程是从过去和现在的数量表现到未来的数量预测的过程，是现在和未来认识相结合的过程。

统计首先要观察和了解已经发生的事实。但在分析研究时必须向认识未来发展，进行统计预测。这是在社会经济管理工作发展中提出来的要求。预测是个很广泛的概念，包括定性预测和定量预测，包括各种范围和各种对象的预测。统计预测只是预测的一种，它是对社会经济总体现象数量方面的预测，是根据过去和现在已经发生的事实对将来作出科学的估计。

上述四条是统计认识必然的基本的顺序，对统计认识的全过程具有指导作用，违背这些基本顺序就会使认识发生偏差或错误。它们是社会经济统计学所要研究和阐述的中心内容。

2.统计研究的具体方法

统计实际活动中所使用的方法是很多的。从统计活动的阶段来看，有设计方法、调查方法、整理方法和分析方法；从所起的作用来看，有认识方法、工作方法、计算方法；等等。

(1)大量观察法(整体观察法)

它是统计研究的特有方法，构成社会经济现象总体的各个统计单位，由于各种因素的影响，彼此数量之间存在不同差异。差异有大有小，差异原因有主有次，只有在大量观察的基础上，综合各单位的统计数据和各个调查单位表现出来的偶然的数值差异，才能互相抵消，也只有在大量观察基础上形成的总体平均数，才能显示总体的一般水平和发展变化规律。

大量观察法是比利时有名的统计学家凯特勒总结实践经验提出来的，是观察和研究总体现象的一个原则。其最初的意思是说，通过对大量现象的观察才能发现总体的数量规律性。例如，通过对许多家庭的观察，可以发现出生婴儿的性别比是比较稳定的，而这个数量规律性就个别家庭是看不出来的。在这里，“大量”是许多的意思。抽样推断发展了以后，特别是在小样本(样本单位数目在个以下)提出来以后，对“大量”的解释有所改变，将其解释为“足够的多数”，因为与总体的单位数相比较，样本单位数是少数，但却可以推断总体的数量状况。其实，大量观察法的基本意思是说，要发现总体的数量规律性，必须遵守从整体上综合观察的原则，无论观察总体单位数目多少，只要符合这个原则就可以达到目的。从这个意义上讲，将其叫作整体观察法似乎更准确一些。大量观察法的数理根据是大数定律。因为现象的规律性是在整体上(大量现象中)才表现出来的，所以发现它就要采用大量观察法(或整体观察法)。这里讲的大量观察法是作为观察和研究总体现象的一个原则来说的，贯彻这个原则的具体做法将在以后的有关章节中阐述。

(2)统计分组法

将总体中的所有单位按照一个标志或几个标志划分成若干组成部分，相同的归并在一起，不相同的区分开，叫作分组。例如，将全国人口按性别划分为男性人口和女性人口两组；将企业按所有制划分为全民、集体、个体、私营等若干组。应用分组的方法研究和认识总体现象称为统计分组法。它是经常使用的、十分重要的方法。分组法是研究总体内部差异的方法。总体内部有各种各样的差异，有的是带有根本性质的差异，不划分就不能进行数量上的描述和研究，会发生认识上的错误或偏差。有的差异虽不是根本性质的，但只有应用分组法才能使人们对总体的认识逐步深入。其实，无论从实际工作过程讲，还是从作用上讲，它都是贯穿统计活动全过程的一种重要方法，它的作用在统计设计和分析研究中都十分显著。此法在统计研究中占有重要地位，它不仅是统计资料整理的重要组成部分，而且在整个统计工作阶段都能发挥自己特有的作用。

(3)综合指标法

统计工作自始至终离不开数字，但一个调查单位的某种数值往往不能反映统计总体的数量特征，只有把各个调查单位原始资料加工整理、汇总计算得到的综合数值(这个综合数值称为统计指标)进行分析，才能真正反映出统计总体的综合情况。统计分析过程，就是运用经过综合的统计指标来反映社会经济现象的数量关系，不仅分析现象的总体水平，而且分析现象的结构关系、比例关系、平衡关系、投入产出关系等。就微观经济来说，不仅要研究企业经营的产量、产值、利润，而且要联系产品的质量、成本、劳动生产率、资金占用、原材料消耗等指标，用以综合说明企业的经营质量和经济效果，一种统计指标往往只能反映总体的某一侧面，要了解现象的全貌，统计研究常常要把几个、十几个甚至几十个统计指标联系在一起，组成指标体系，从不同侧面反映现象和事物的综合情况。综合指标法就是运用表明社会经济现象不同侧面的统计指标，对现象总体展开全面、细致、深入的分析研究的方法。

综合指标法按指标的基本表现形式，可分为总量指标、相对指标和平均指标等。通常将这三种指标统称为综合指标。在这三类指标的基础上，进一步展开综合统计分析。其统计分析的重要形式有:对比分析、平均分析、差异分析、动态分析、因素分析、相关分析、平衡分析、统计推断和预测分析等。

能力测试

小强奶奶的抱怨

小强今年上小学一年级。有一天，小强的奶奶到学校来找班主任，反映孩子的作业负担太重，说孩子每天下午4点放学后开始做作业，除了吃晚饭半个小时，孩子要到晚上8点才能做完作业，每天做作业的时间在3个半小时左右。班主任听后请奶奶先回去，并答应次日会给她一个满意的答复。

如果你是班主任，你会怎么做呢？班主任把学生的作业都看了一遍，说，这些作业不多呀，应该很快就能做完。可是，有人会提出质疑，老师是成年人，用成年人的眼光来看这些作业，肯定很简单，一下子就能做完了。这种质疑也有道理，那怎么办呢？让一个学生来把这些作业重新做一遍，看看花了多少时间。但是，万一这个学生做得比小强还慢呢？或者，这个学生是全班做作业做得最快的学生，怎么比呀？

最后，大家的意见就是在班上统计一遍同学们做同样的作业的时间，下表就是一张全班同学做同样的作业所需的时间统计表。

全班同学做同样的作业所需的时间表

学号	时间(分)	学号	时间(分)
1	40	15	162
2	52	16	98
3	78	17	125
4	120	18	137
5	151	19	65

续表

学号	时间(分)	学号	时间(分)
6	92	20	55
7	68	21	75
8	72	22	92
9	67	23	89
10	45	24	135
11	124	25	148
12	76	26	67
13	29	27	98
14	48	28	103

班主任拿着这个表格就想了:这么多数据,奶奶看得懂吗?眼睛都得看花了,怎么跟奶奶解释呢?

要求:如果你是班主任,你拿着这个统计表怎么跟奶奶作出合理的解释?老师布置的作业真的很多吗?你能否结合统计数据来说服奶奶呢?

§1.3.2 统计学的理论基础

统计学的理论基础和方法论基础是指对统计研究对象的基本观点、原则立场和方法指导的总称。统计研究的是客观存在的各种现象的数量方面,但是绝不能脱离客观现象质的方面孤立地进行。尤其是对社会经济生活现象的研究,必须结合运用定性与定量相结合的方法进行。要以辩证唯物主义和历史唯物主义、社会主义市场经济学所阐明的社会本质及其发展规律的理论为依据,来分析其数量关系。因此,辩证唯物主义和历史唯物主义与社会主义市场经济学理论是统计学的理论基础。

社会经济统计是认识社会最有力的武器之一。但进行统计活动和科学研究必须以已有的认识为前提,要掌握关于认识对象的知识并善于在统计活动中运用它们。这些知识是多方面的,有作为理论基础的关于世界和社会的一般看法的知识,有某个领域的专门知识,有关于认识过程和方法的一般知识,也有关于处理数量关系的方法论知识,等等。

在当今世界上,存在着许多关于世界和社会的一般看法的理论。社会实践已经证明并将继续证明,马克思主义是唯一正确的科学理论,是人类智慧的结晶,而且随着社会实践的发展而不断地得到丰富和发展。马克思主义哲学对社会统计学具有普遍的指导作用,是既包括实质性理论又包括方法性理论的统一的最高层次的理论。毛泽东思想丰富和发展了马克思主义,其中关于调查研究的思想是认识论的发展。调查研究是统计的一个组成部分。

统计学作为认识社会经济总体数量方面的方法论学科,可以说是社会科学与数量关系方法论相结合的产物。统计学是一门实用性学科,它要把抽象的社会经济领域内众多的理论范畴具体化。它不仅受政治经济学和科学社会主义理论的指导,而且和研究实际问题的许多门类的社会学科有密切的关系。特别是社会经济统计学的分支学科更是如此。社会经济统计活动及科学研究和各门社会学科的关系是双向的，而不是单向的。一方面，社会经济统计活动和统计学就其整体而言，要以马克思主义政治经济学和科学社会主义作为理论基础。就某一个专门领域来讲，还要以对应的社会学科作为指导。另一方面，社会经济统计活动和统计学对于其他社会学科也有积极作用。它为其他社会学科提供统计资料和统计研究方法，作为一种认识工具促进它们的发展；并有助于检查、论证或发展已有的内容，有助于发现该门学科领域的客观规律。

统计学的方法性理论基础是数学以及其他有关方法论。数学是研究客观世界中数量关系和空间形式的学科。恩格斯早就指出："数学本身由于研究变数而进入辩证法的领域。"现代数学在辩证领域中有了进一步的发展。数学是社会实践和许多实质性学科进行定量研究的工具或方法。对于作为方法论的社会经济统计学来说，数学不仅具有工具意义，而且具有方法性理论基础的意义。在统计学中，无论是对总体进行数量描述或是进行数量分析，都必须遵循数学所阐明的数量关系的规律。任何社会经济总体都是有机联系的整体，系统科学的思想和方法对统计研究具有重要的指导意义。新的方法论学科正方兴未艾，在马克思主义哲学指导下，这些方法论将对社会经济统计学的发展起着越来越重要的推动作用。

实质性理论基础和方法性理论基础不是割裂的，它们具有统一性。实质性理论决定统计学的方向，它统帅和指导方法论，方法性理论充实和拓展实质性理论的内容。而且，具有普遍意义的某些理论，在以后的科学研究中可以转化为方法。

§1.4 统计学的基本概念

§1.4.1 统计总体和总体单位

所谓统计总体是指统计研究对象的全体。它是由一系列客观存在的在某些性质上相同的基本单位组成的集合体。所谓总体单位是指组成统计总体的具体单位。二者是相辅相成的，没有总体单位的集合，也就谈不上有统计总体；没有界定统计总体的范围，也就无法确定总体单位。

统计总体和总体单位不是绝对的，而是相对的。例如，对某一个工业企业而言，以每一个职工为单位可以组成企业职工总体；以每一台设备为单位可以组成企业的设备总体；以每一种(或一套、一件等)产品为单位可以组成企业的产品总体；以每一次销售行为为单位可以组成企业的销售总体；等等。再如，研究对象为全国的工业企业的基本情况，则统计总体就是全国所有的工业企业，总体单位是全国的每一个工业企业；若研究对象为全国的工业企业的设备状况，则统计总体就是全国所有工业企业的所有设备，总体单位是全国所有工业企业的每一台设备。可见，统计总体范围不同，总体单位是不一样的，统计研究对象不同，总体单位也不一样。二者是整体与个体的关系。

统计总体和个体是多种多样的，常见的主要有两种：一种是以某种客观存在的实体为单位组成的总体，称为实体总体，如以个人、家庭、学校、设备、产品、商品等为单位组成的统计总体；另一种是以某种行为、事件为单位组成的总体，称为行为总体，如以买卖行为、工伤事故、犯罪事件、体育活动等为单位组成的统计总体。

1.统计总体的形成必须具备的客观条件

(1)客观性。统计总体和总体单位必须是客观存在的，可以实际观察的。

(2)同质性。组成统计总体的所有单位必须是在某些性质上是相同的，如工业企业总体，我们至少可以认为，对任何一个工业企业来说都是从事工业生产经营活动的基本单位。在这一点上，每一个工业企业都是一样的。再如，对国有工业企业总体，其每一个单位除“都是从事工业生产经营活动的基本单位”之外，还必须包括“所有制性质”相同这一特征，它的范围就比工业企业总体小。

(3)差异性。组成统计总体的各单位在某些性质上是相同的，但在其他性质上则存在差异。正是这种差异，才有研究的必要。例如，企业职工总体中的每一个职工，在工种、性别、年龄、工龄、文化程度、技术等级、工资等各方面都有差异，这种差异构成了统计研究的内容。

2.统计总体的形成必须具备的主观条件

(1)统计研究的目的。统计研究的目的不同，作为认识对象的总体和个体也有所不同。例如，研究一个国家或地区的工业生产情况时，这个国家和地区的所有工业企业构成一个统计总体，而每个工业企业就是一个总体单位；在研究某一个工业企业的生产经营情况时，则该工业企业就是统计总体，而该工业企业的每一个车间或班组就是一个总体单位。

(2)统计机构的状况。统计机构的立场、观点、工作条件、了解实际的深入程度等也决定着统计总体的形成。例如，要调查研究煤矿井下工人的健康状况，如果人力、物力和财力充足，就可以把全国大小煤矿的全体井下工人都列为总体单位形成统计总体；但是，如果人力、物力和财力有限，就只能选择大、中、小型煤矿各多少个，以其井下工人为总体单位形成统计总体。

根据下表中的研究目的，想象统计总体和总体单位分别是什么，并说明理由。

统计总体与总体单位的确定

研究目的	统计总体	总体单位
研究本班同学的平均身高		
研究本市工业增加值		
研究某个乡镇水稻亩产水平		

§1.4.2 统计标志和标志表现

1.统计标志的定义

标志又称统计标志，是指说明统计总体单位属性和特征的名称。每一个总体单位都有很多属性和特征。例如学生作为总体单位，他们都有民族、性别、文化水平、年龄、身高等特征；以工业企业作为总体单位，都有经济类型、职工人数、工资总额、成本、利润等属性和特征。这些属性和特征的名称，就是标志。某一标志从某一方面说明总体单位的性质。标志按其特征的性质不同，分为品质标志和数量标志。品质标志表明事物质的特征，如前面所说的每个学生的民族、性别、文化水平；每个工业企业的经济类型等，它们通常只能用文字表示，不能用数值表示，如性别为“男”或“女”，文化水平为“大学”或“中专”，等等。数量标志表明事物量的特征，如前面所提的每个学生的年龄、身高；每个工业企业的职工人数、工资总额、成本、利润等，它们可以用数值表示，如年龄为多少岁。

2.标志表现

标志表现又是一个重要的概念。它是标志名称之后所表明的具体属性和具体数值。例如，某学生的性别为男，年龄为岁，这里的性别和年龄是标志，而“男”和“岁”是标志表现。总体单位、标志和标志表现三者密不可分，标志是统计研究的项目，而标志表现则是标志的实际实现者。由于标志有品质标志和数量标志之分，因而标志表现又有品质标志表现和数量标志表现之别。后者又称为标志值。

3.统计标志的分类

(1)统计标志按其性质不同，有品质标志和数量标志之分。

品质标志是指不能用数量表示的标志，即其标志表明总体单位的质的特征的名称或顺序的，如上述企业职工的性别、民族、工种、文化程度等。数量标志是指能够用数量表现的标志，即其标志表现至少是间隔水准以上的，如上述企业职工的年龄、工龄、技术等级、工资等。品质标志主要作为统计分组的依据，以便计算出不同组别的总体单位数。数量标志除了作为分组依据计算单位数外，还可以进行许多其他计算，如计算平均工龄、平均技术等级、平均工资等。

(2)统计标志按各单位的具体表现是否相同，有不变标志和可变标志之分。

不变标志是指各单位在具体表现上完全相同的标志，如对国有工业企业总体来说，各企业的生产性质、所有制性质等都是相同的，这些标志是不变标志。它是形成统计总体的客观条件(同质性)之一。可变标志是指各单位在具体表现上不完全相同的标志，如上述国有工业企业总体中，各企业的产品种类、所属行业、职工人数、产品数量、产品产值、销售收入、利润额等都不尽相同，这些是可变标志。它是形成统计总体的另一个客观条件(差异性)。

同时统计标志的两种分类是交叉的。品质标志有不变标志和可变标志之分，如上述工业企业的生产性质、所有制性质等对所属总体来说，每一个单位都是一样的，因而是不变的品质标志；又如，企业职工的性别、民族、工种、文化程度等，对每一个总体单位来说，具体表现都不尽相同，因而是可变的品质标志。同样，数量标志也有不变标志和可变标志之分，如我国学龄儿童入学的法定年龄是 7 岁，这对每一个学龄儿童(撇开每个学龄儿童入学的具体年龄)都是同样的要求，因而是不变的数量标志；再如，上述企业职工的年龄、工龄、技术等级、工资等，对每一个总体单位来说，具体表现都不尽相同，因而是可变的数量标志。

§1.4.3 统计指标和指标体系

1.统计指标的定义

与统计标志相对应，统计指标是说明统计总体的特征或属性的名称。

统计指标有两种理解和使用方法。一种是处于设计形态的统计指标，它是说明总体数量特征的名称，如全国总人口、国民生产总值、工资总额、粮食总产量等都属于这一类统计指标；另一种是处于完成形态的统计指标，它是把指标名称和具体时间、地点的统计数值结合起来的统计指标形态。例如，2019 年 1—4 月我国房地产开发投资 34217 亿元就属于这一类统计指标。我们在研究统计理论和进行统计设计时所说的统计指标指的是设计形态的统计指标；在实际工作中，对统计数据进行加工整理、分析研究时所说的统计指标指的就是完成形态的统计指标。

2.统计指标的构成要素

统计指标构成一般包括六个要素，即指标名称、计量单位、计量方法、时间限制、空间限制、指标数值。例如，2019 年 4 月社会消费品零售总额为 30586 亿元，这一完整指标就包含上述六个要素。

在实际操作中，指标呈现两种形态：一为设计形态，此时指标仅包括前三个要素；二为完成形态，此时指标包括六个要素。在使用时，要根据不同场合区别对待，正确把握。

3.统计指标的特点

(1)数量性

所谓数量性是指统计指标数值的大小、多少可以实际加以测度或计数，即能够用数值表示，不存在不能用数值表示的统计指标。数量性将统计指标与其他社会经济范畴区别开来。

(2)综合性

所谓综合性是指统计指标数值是由许多个体现象的数量综合的结果。一个职工的年龄、工资不能成为统计指标，而一个企业所有职工的平均年龄、工资总额或平均工资才能成为统计指标，它体现着总体的综合数量特征。综合性将统计指标与统计标志区别开来。

(3)具体性

统计研究以统计指标为手段，运用特有的统计方法对社会经济现象作具体深刻的分析。任何统计指标都是指一定时间和空间条件下的社会经济现象，是总体各单位某标志在特定时间界限上和空间范围内数量表现的综合概括。具体性将统计指标法与其他社会科学中采取的抽象分析法区分开来。

4.统计指标的基本要求

一个科学完整的统计指标应当具备以下基本要求：

(1)指标的构成必须完整。任何一个指标的构成应包括前述六要素，否则将失去经济意义，不能成为指标。

(2)指标名称必须具有正确含义与理论依据。指标名称是一个社会经济范畴，说明一定社会现象的一定经济内容。如果指标的含义不明确或不正确，不仅不能获得正确的统计数值，而且会出现方向性的错误。同时指标名称的确定应有科学的理论依据，必须根据马克思主义政治经济学的有关范畴和实际经济问题归纳得出，缺乏科学理论依据的统计指标，必将失去其雄辩的说服力。

(3)要明确指标的计算口径范围。这是指指标所包括的时间、空间隶属关系必须有明确的规定，使实际工作者能够判断哪些经济现象的数值应计入指标的范围，哪些经济现象的数值不应计入指标的范围。

(4)要有科学的计算方法。指标的含义与计算的口径范围确定以后，应以它们为准绳，制定科学的计算方法，以保证统计指标数据的准确性。科学的计算方法应当是既准确无误，又简便易行。

5.统计指标的分类

(1)统计指标可按不同的标志进行分类:按统计指标的内容和作用分，可将统计指标分为总量指标、相对指标、平均指标三大类，这是统计中常用的基本指标，也是最重要的分类。

①总量指标是反映总体的规模和现象发展结果的指标。其表现形式为绝对数，一般用以反映总体的总规模、总水平和工作总量。

②相对指标是由两个有联系的统计指标的对比而形成的比率。其表现形式为相对数，一般用来反映总体的内容结构、现象间的数量关系和相对水平等。

③平均指标是指总体中某一数量标志的一般水平。其表现形式为平均数，一般用来反映总体年内某一数量标志的集中趋势等。

(2)按指标反映总体的内容分，可将统计指标分为内涵指标和外延指标。

①内涵指标是反映总体内总结构、比例以及相互数量关系的指标。其一般表现形式为相对数或平均数等，如结构、比例、速度等。

②外延指标是反映总体外延范围大小的统计指标。其表现形式一般为绝对数，如总规模、总水平、工作总量，等等。

(3)统计指标还可以从其他角度进行更多的分类。例如按反映时间状况不同分类、按管理层次分类、按报告顺序分类等。各种分类都不是孤立的，而是相互联系、相互交叉的。同一指标可纳入不同的类别。

6.统计标志与统计指标的关系

(1)标志与指标的联系

它是指数量标志与指标间的联系。

①汇总关系。指标值是由众多的总体单位的数量标志值汇总而来的。

②转换关系。转换关系取决于总体与总体单位之间的转换。根据研究目的的不同，总体单位转换为总体时，则数值标志也转换为指标；而当总体转换为总体单位时，其指标也就转换为数量标志了。

(2)标志与指标的区别

①说明对象不同。指标是说明总体特征的，而标志是说明总体单位特征的。

②表现形式不同。统计指标都是用数值表示的，而统计标志可以用数值表示，也可以用文字表示，后者即是品质标志。

6个考生的统计课成绩分别为78、52、64、92、81、90，则统计课成绩是标志中的哪种？

2019年1—4月全国房地产开发投资和销售情况

一、房地产开发投资完成情况

2019年1—4月，全国房地产开发投资34217亿元，同比增长11.9%，增速比1—3月提高0.1个百分点。其中，住宅投资24925亿元，增长16.8%，增速回落0.5个百分点。住宅投资占房地产开发投资的比重为72.8%。

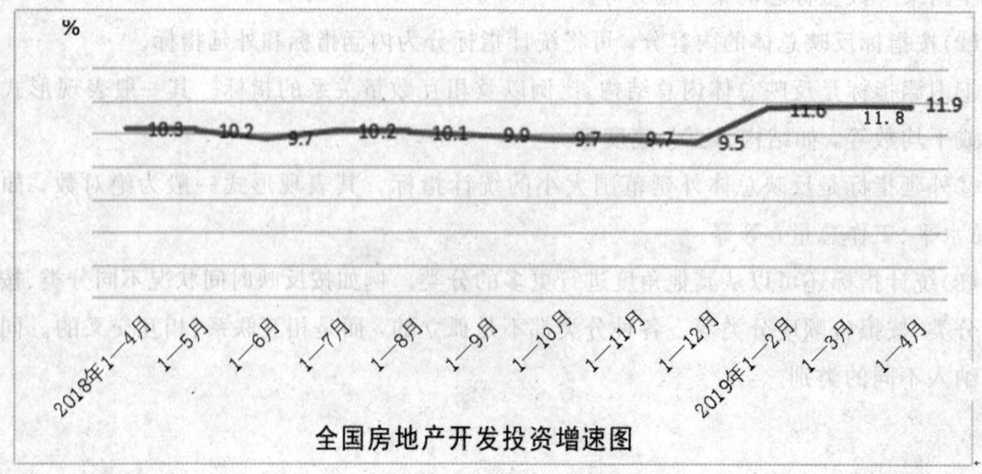

全国房地产开发投资增速图

1—4月，东部地区房地产开发投资19043亿元，同比增长10.8%，增速比1—3月提高0.5个百分点；中部地区投资7177亿元，增长8.7%，增速提高0.3个百分点；西部地区投资7083亿元，增长18.4%，增速回落0.5个百分点；东北地区投资915亿元，增长10.6%，增速回落11.2个百分点。

1—4月，房地产开发企业房屋施工面积722569万平方米，同比增长8.8%，增速比1—3月份提高0.6个百分点。其中，住宅施工面积501832万平方米，增长10.4%。房屋新开工面积58552万平方米，增长13.1%，增速提高1.2个百分点。其中，住宅新开工面积43335万平方米，增长13.8%。房屋竣工面积22564万平方米，下降10.3%，降幅收窄0.5个百分点。其中，住宅竣工面积16040万平方米，下降7.5%。

1—4月，房地产开发企业土地购置面积3582万平方米，同比下降33.8%，降幅比1—3月扩大0.7个百分点；土地成交价款1590亿元，下降33.5%，降幅扩大6.5个百分点。

二、商品房销售和待售情况

1—4月，商品房销售面积42085万平方米，同比下降0.3%，降幅比1—3月收窄0.6个百分点。其中，住宅销售面积增长0.4%，办公楼销售面积下降12.4%，商业营业用房销售面积下降8.8%。商品房销售额39141亿元，增长8.1%，增速提高2.5个百分点。其中，住宅销售额增长10.6%，办公楼销售额下降11.7%，商业营业用房销售额下降5.4%。

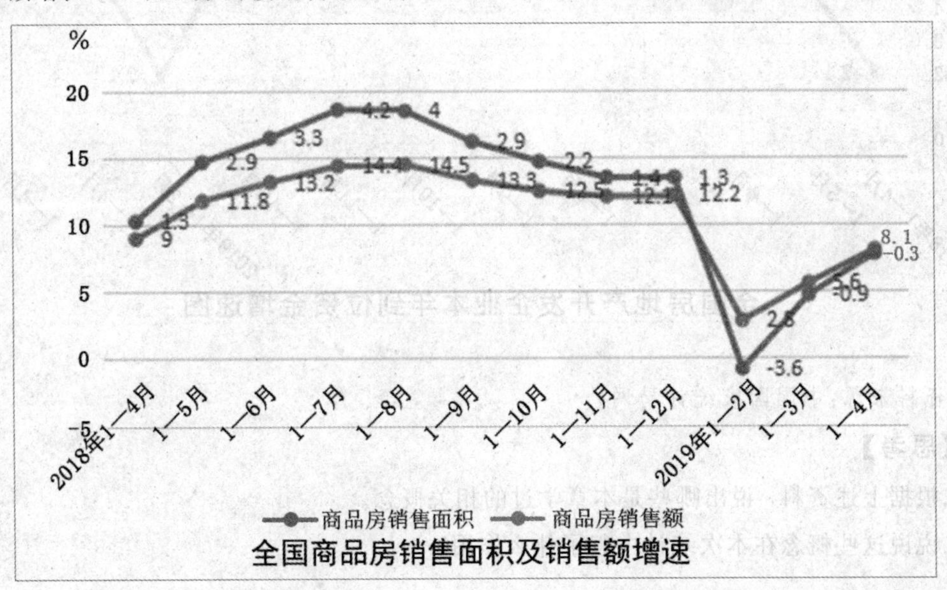

全国商品房销售面积及销售额增速

1—4月，东部地区商品房销售面积16686万平方米，同比下降4.3%，降幅比1—3月收窄2.5个百分点；销售额21023亿元，增长6.0%，增速提高4.9个百分点。中部地区商品房销售面积11836万平方米，增长2.4%，增速回落0.4个百分点；销售额8334亿元，增长10.4%，增速回落0.5个百分点。西部地区商品房销售面积12032万平方米，增长3.8%，增速回落0.5个百分点；销售额8553亿元，增长11.8%，增速回落0.4个百分点。东北地区商品房销售面积

1531 万平方米，下降 4.2%，1—3 月为增长 0.3%；销售额 1230 亿元，增长 3.3%，增速回落 3 个百分点。

4 月末，商品房待售面积 51380 万平方米，比 3 月末减少 266 万平方米。其中，住宅待售面积减少 357 万平方米，办公楼待售面积减少 17 万平方米，商业营业用房待售面积增加 30 万平方米。

三、房地产开发企业到位资金情况

1—4 月，房地产开发企业到位资金 52466 亿元，同比增长 8.9%，增速比 1—3 月提高 3 个百分点。其中，国内贷款 8955 亿元，增长 3.7%；利用外资 34 亿元，增长 1.0 倍；自筹资金 15687 亿元，增长 5.3%；定金及预收款 17249 亿元，增长 15.1%；个人按揭贷款 8031 亿元，增长 12.4%。

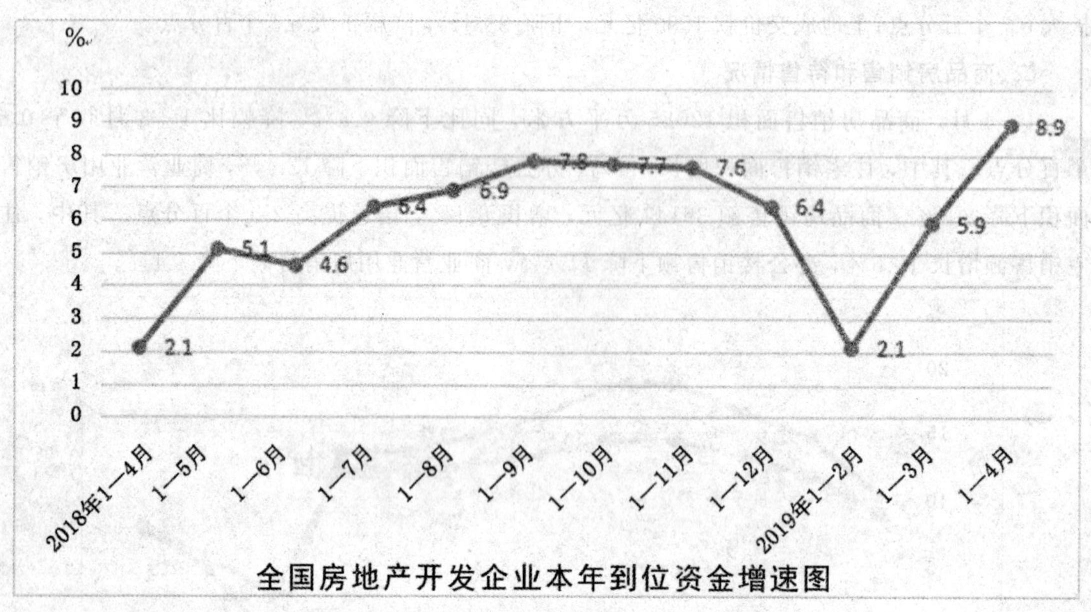

全国房地产开发企业本年到位资金增速图

（资料来源：中国国家统计局网）

【思考】

1.根据上述资料，说出哪些是本章学过的相关概念。

2.说说这些概念在本次统计中起了什么作用。

第 2 章　统计调查

学习目标

1.统计调查的意义。

2.统计调查的分类。

3.统计调查资料的搜集方法。

4.统计调查方案。

引导案例

就一个家庭而言，新生婴儿的性别可能是男，也可能是女。要想通过个别或少数家庭的生育情况，来研究和揭示社会新生婴儿性别的规律性是不可能的。但是，如果对足够多的家庭的生育情况进行观察就会发现，社会新生婴儿的男女性别比大致稳定在105∶100，从而揭示了社会新生婴儿男女性别比例的规律性。统计的研究对象是客观现象的数量方面，目的是通过对这些数量方面的研究来反映和揭示客观现象的本质特征和规律性。这就决定了统计的认识过程必须是由个体的数量开始再到总体的数量特征的认识过程，即必须收集大量的数据资料。这个收集客观现象数据资料的过程，在统计工作中就是统计调查。客观现象是复杂的、多种多样的，因此就决定了收集数据资料采取的方法也必须是不同的。

§2.1 统计调查的资料收集方式和方法

§2.1.1 统计调查的意义

1.统计调查的概念

统计调查就是根据调查的任务和要求，采取科学的调查方法，有目的、有计划、有组织地对客观实际情况进行收集，对客观事实进行登记，取得各种真实可靠统计调查资料的活动过程。统计调查既是对现象总体认识的开始，也是对统计调查资料进行统计整理和统计分析的基础环节。统计调查的基本任务是取得反映社会经济现象总体全部或部分单位以数字资料为主体的信息资料。

统计调查所涉及的统计调查资料有两种：一种是直接向调查单位收集的未经加工整理的原始资料，也叫初级资料；另一种是经过初步加工整理、能够在一定程度上说明总体现象的二手资料，也叫次级资料。统计调查主要是指对原始资料的收集。

所谓原始资料是指对调查单位收集的没有经过加工汇总整理，由个体过渡到总体的统计资料。

2.统计调查的要求

统计调查在整个统计工作中担负着提供基础数据资料的任务。所有的统计计算和统计分析研究，都是在原始资料收集的基础上建立起来的。如果我们把整个统计工作过程比作建造一幢大厦，那么统计调查就是打地基阶段。所以，统计调查在统计工作中居于十分重要的地位。

为了保证统计调查资料的质量，使之准确反映客观实际，根据统计方法制度的统一规定，统计调查必须具有准确性、及时性、系统性、完整性四项基本要求。做到数字准、情况明、反映及时。

准确性。是指提供的统计调查资料必须符合客观实际情况，真实地反映所研究的社会经济现象，保证各项统计调查资料真实可靠。这是保证统计资料质量的首要环节。这不仅是一个技术性问题，而且还涉及坚持统计制度、遵守统计法规的问题。

及时性。是指各项统计调查资料要按照统一规定的时间收集完成并上报。不但要求准确，而且需要及时，这是很明显的，因为过时的资料落在了形势发展的后面，失去时效，犹如“雨后送伞”，起不到统计的应有作用。

系统性。是指收集的统计调查资料有条理，合乎逻辑，便于汇总。

完整性。是指调查单位不重不漏，所有调查项目资料收集齐全。资料残缺不全，就难以反映研究对象的全貌，难以正确认识社会经济现象的总体及其特征，最终也就难以对社会经济现象的规律性作出准确的判断，甚至会得出完全相反的结论。

3.统计调查的意义

统计调查是统计工作的基础环节，是统计分析研究的前提。只有搞好统计调查，才能保证统计工作达到对于客观事物规律性的认识，对未来进行分析、研究、预测，为各级党委、政府、各部门制定政策、检查监督政策执行情况提供可靠依据。

★ 知识链接

统计调查在企业经营管理中的作用

统计调查的描述功能是指收集并陈述事实。例如，某个行业的历史销售趋势是什么样的？消费者对现有的某产品及其广告的态度如何？企业的战略是否与所在行业的历史销售趋势一致？先有产品是引导了消费需求还是迎合了消费需求？广告诉求和品牌体现是否给消费者留下深刻鲜明的印象？等等。

统计调查的诊断功能是指解释信息或活动。例如，改变产品的包装对销售会产生什么影响？改变产品的"卖点"会对产品产生什么影响？目前的产品有什么需要改进的地方？等等。

统计调查的预测功能是指利用历史的资料和数据来推断和预测未来。例如，企业如何利用不断变化的市场出现的问题和机会？如何把机遇转化为机会？如何把潜在计划转变为现实机会？如何把机会转变为现实成果？如何预测机会成本效益？等等。

统计调查的反馈功能是指对社会经济现象或活动反映的传递、沟通和处理。例如，顾客怎样看产品？怎样评价服务？满意点在哪里？机会的切入点在哪里？如何应对？等等。

§2.1.2 统计调查的分类

1.统计调查按调查对象包括的范围不同，可分为全面调查和非全面调查

全面调查就是对构成调查对象的所有单位逐一、无遗漏地进行登记调查。例如，要了解全国人口的基本情况，就要对全国的人口一一进行调查登记。普查和全面统计报表属于全面调查。

非全面调查是对调查对象中的一部分单位进行登记调查。例如，为了了解城市居民家庭收支情况，并不需要对所有居民家庭一一进行调查，而只需要对其中一部分被抽中的家庭进行调查。非全面统计报表、抽样调查、重点调查和典型调查等属于非全面调查。

2.统计调查按组织形式不同，可分为统计报表和专门调查

统计报表是按照统一规定的表式要求，自上而下逐级统一布置，然后自下而上逐级统一提供上报统计资料的一种统计调查方法。它是国家统计系统和专业部门为了定期取得系统、全面的统计资料而采用的一种收集资料的方式，目的在于掌握经常变动的、对社会经济有重大意义的基本指标的统计资料。统计报表，大部分是以定期统计报表制度的形式布置的。如农业统计报表制度、工业统计报表制度、交通运输统计报表制度等。

专门调查是为了了解和研究某些情况或问题而专门组织的统计调查，专门调查属于一次性调查。包括抽样调查、普查、重点调查和典型调查等。

3.统计调查按调查登记的时间是否连续，可分为经常性调查和一次性调查

经常性调查是指对调查对象的变化进行经常性的、连续不断的登记或观察，以反映事物在一定时期内的全部发展过程。如工业企业对产品产量、原材料、原料动力的消耗量等，在观察期内进行连续登记。经常性调查所取得的资料是现象在一段时间内的总量。

一次性调查是指间隔一段时期对调查对象进行的登记调查。如人口数、机器设备台数等资料短期内变化不大，无须进行连续登记调查。一次性调查所取得的资料体现现象在某一瞬间所具有的水平。

§2.1.3 统计调查资料的搜集方法

在实际统计调查工作中，收集数据的具体方法主要有以下几种：

1.直接观察法

直接观察法是指由调查人员亲自到现场对调查单位进行直接查看、清点、测定和计量，以取得调查资料的一种统计调查方法。如进行农产量抽样调查时，调查人员必须亲自到现场抽取样本、实割实测、脱粒晾晒、过秤计量等。直接观察法取得的数据资料，具有较高的准确性，但需要大量的人力、财力、物力和时间。

2.访问调查法

访问调查法是指调查者与被调查者通过面对面的交谈，或通过邮寄问卷、电话访问、座谈会等方式，根据被调查者的回答或填写来收集所需资料和情况的一种统计调查方法。访问调查的方式有标准式访问和非标准式访问两种。标准式访问又称结构式访问，它是按照调查人员事先设计好的、有固定格式的标准化问卷，有顺序地依次提问，并由受访者作出回答；非标准式访问又称非结构式访问，它事先不制作统一的问卷或表格，没有统一的提问顺序，调查人员只是给一个题目或提纲，由调查人员和受访者自由交谈，以获得所需的资料。访问调查法可收集到详细而深入的信息资料，准确程度比较高，但费用大、时间长、对调查人员的素质要求高。

在实际调查中，访问调查有多种形式，概括起来主要有：

(1)面访调查。面访调查通常是指召开座谈会或访问被调查者，通过面谈来实现收集调查资料的一种调查形式。如让被调查者针对一种产品、一种服务或其他话题发表意见。其优点在于：方便灵活、回答率高，收集的资料真实可靠，也可沟通感情，观察被调查者态度。面访调查对调查人员要求较高。调查人员的素质、态度、语气和技术等，都会影响调查资料的质量。这是市场调查中经常采用的方法。

(2)专家调查。专家调查通常是指召开专家座谈会，以座谈、讨论、分析、研究、征询意见等方式，取得专项调查资料，并在此基础上，找出问题症结所在，提出解决问题方法等的一种调查形式。

其主要优点：能够把调查与讨论研究结合起来，既能提出问题，也能研讨解决问题的途径；不足之处：受访问人员素质、被访者人数限制及被访问者代表性不足等，有可能影响调查结果和质量。

(3)电话调查。是指调查者通过查找电话号码簿，用电话向被调查者进行询问，收集调查资料的一种调查形式。电话调查在西方发达国家应用较多，在我国也逐渐进入人们的日常生活中。

电话调查的优点：一是收集的资料速度快、费用低；二是收集的资料覆盖面广，可以对任何有电话的地区、单位和个人直接进行电话访问调查。不足之处：一是每次电话调查时间不能过长；二是不能提过于复杂的问题；三是对挂断电话拒绝回答者很难做工作。

(4)新闻媒介调查。是指以新闻媒介为载体，发布调查问卷，通过广大听众、观众、读者自愿回答并反馈调查结果，收集调查资料的一种调查形式。这里所说的新闻媒介，主要是指电视、广播、报刊、Interne 等。

新闻媒介调查的优点：一是广泛性。各种新闻媒介都拥有众多的听众、观众或读者，而且来自不同的阶层，在不同的岗位工作，有广泛的代表性。二是时效性。新闻媒介传播快，不受时空、地域等条件限制。三是公开性。通过新闻媒介进行调查，调查透明度高。四是客观性。被调查者自愿参与，能够反映被调查者的真实想法和情况。新闻媒介调查也有其不足之处，如调查误差不易控制、受新闻媒介发行量或收视率、阅读率影响等。

一般来讲，通过新闻媒介进行调查，选择那些广大群众关心的、有影响的、波及面较广的调查项目，能够收到比较理想的效果。

(5)留置调查。是指采用由调查者将调查表或调查问卷面交被调查者，并说明调查目的和要求，由被调查者自行填写回答，然后按约定的时间回收的一种调查形式。

留置调查具有回收率高、被调查者的回答不受调查人员的影响、被调查者有思考时间、避免因误解而产生误差等优点。但留置调查由于受地域、交通等因素限制，不宜广泛进行，且时间较长、调查费用相对较高。

(6)日记调查。是指对被调查单位或调查者发放登记簿或账本，由其逐项记录，再由调查人员定期收集、整理、汇总的一种调查形式。

采用日记调查形式进行调查，可以使调查者与被调查者双方建立固定联系、调查资料回收率较高且比较详细、利于资料应用等；但由于记账工作量大，且受诸多主客观因素的影响，难以保证记录的连续性和准确性。因此，采用日记调查的形式进行调查，必须加强有关督促检查工作。

(7)文案调查。也称二手资料应用，它是指收集、取得并利用现有(本部门或其他部门)的有关资料，对某一专题进行研究的一种调查形式。

文案调查除直接利用二手资料就某一专题进行研究外，一般还应用于：确定是否有必要专门组织一次专题调查、确定专题调查的范围和具体调查内容等。由于二手资料的来源、时间、区间、口径、范围等不同，因此应用二手资料时必须注意资料的可利用性，具体可概括为：资料的完整性、准确性、科学性和可比性等。

3.报告法

报告法是指被调查单位以各种原始记录或核算资料为基础，按统一规定的格式和要求填写调查表，并按统一规定的时间逐级上报调查资料的一种方法。如果被调查单位原始记录完整，核算系统健全，用报告法就可以取得比较准确的调查资料。

4.网上调查法

网上调查法是指借助网络技术提供的各种工具，通过互联网收集传输各种数据的一种调查方法。网上调查是在20世纪90年代开始迅速发展起来的。网上调查具有以下优点：

(1)速度快。省略了印制、邮寄和数据录入的过程，问卷的制作、发放及数据的回收速度均得以提高，可以短时间内获得统计调查数据结果。

(2)费用低。印刷、邮寄、录入及调研员的费用都被节省下来。因此，较其他调查方法可省下可观的调查费用。

(3)易获得连续性数据。随着网上固定样本调查方法的出现，调查研究人员能够通过跟踪受访者的态度、行为和时间进行纵向调查，获得连续性数据。

(4)调查内容设置灵活。在网上，调查内容可以很容易地包含在市场、商贸或其他一般站点上，适当增加或减少调查内容，都比较容易做到。而采样其他方法，即使增加一两个问题，都可能增加较大的费用。

(5)调查群体大。网上可以接触大量人群。很难想象还有什么媒体可以提供那么大的调查研究群体。随着电脑的普及应用，网民将成为开展各种统计调查研究的理想调查对象。

(6)可视性强。网上调查还有一个独一无二的优点，即在视觉效果上能够吸引人，互联网的图文及超文本特征可以用来展示产品或介绍服务内容。声音及播放功能也可以加入调查中。这是其他调查方式无法比拟的。

网上调查也有不足之处，如代表性问题、安全性问题、无限制样本问题等。

§2.1.4 统计调查误差

1.统计调查误差的概念

统计调查误差，是指统计调查取得的统计数据与调查对象实际数量之间的差。统计调查的目的是取得准确、及时、系统、完整的统计资料。但在实际工作中，调查取得的资料不一定都是准确的，有时会产生一定的调查误差。

2.统计调查误差的分类

按产生的原因，可分为登记性误差和代表性误差。

(1)登记性误差。它是指在调查过程中，由于调查者或被调查者在有关环节的工作不准确而引起的误差。全面调查和非全面调查都会产生登记性误差。登记性误差又分为偶然登记性误差和系统登记性误差。

偶然登记性误差产生的原因很多，例如，调查人员工作态度不认真或技术技能低或理解有误或无意识失误等情况下发生的记录错误、抄录错误、计算错误、汇总错误以及被调查者回答不当出现的错误等。这种误差不具有倾向性，即在数路上不偏向于某一方。

系统登记性误差是指具有明显的倾向性、一贯性，且在数路上偏向于某一方的误差。例如，测量仪器不准确或人为歪曲事实、虚报、瞒报等。系统登记性误差无论是有意还是无意，危害性都很大。

登记性误差是主观因素形成的误差，从理论上讲是可以避免的。即可以通过完善调查方案、提高调查人员的素质和能力、采用现代化手段、加强各环节质量监控等，尽可能减少或避免登记性误差。

(2)代表性误差。它是指在用样本数据推断总体时产生的误差。代表性误差是非全面调查所固有的，由于用总体的一部分单位的数据来推算总体数量特征，当这部分单位不能完全反映总体的性质时，就产生了误差。

在非全面调查中，只有抽样调查可以计算代表性误差，所以代表性误差一般指抽样误差。抽样误差可以事先控制和计算，但无法消除。

3.统计误差的预防

对于登记性误差，一是要制订完善的调查方案，选择适宜的调查方法，对调查人员进行严格培训，详细讲解调查项目、指标解释、计算方法等。二是认真贯彻调查方案，严格按照统计法规办事，实行严格有效的监督、控制和管理，把登记性误差降到最低限度。

对于代表性误差，如果是重点调查和典型调查，应在调查前加强调查研究，广泛征求意见，选出具有较高代表性的调查单位；如果是抽样调查，应严格遵守随机原则，适当增加样本容量，尽可能降低代表性误差。

§2.2 统计调查体系

为了适应我国改革开放和建立社会主义市场经济体制的需要，从根本上改变过去过分依赖全面统计报表的状况，1994 年，国务院批转了国家统计局《关于建立国家普查制度，改革统计调查体系的请示》。对我国统计调查方法进行重大改革，逐步建立起以周期性普查为基础，经常性的抽样调查为主体，必要的统计报表、重点调查、典型调查和科学核算等为补充的多种方法综合运用的国家统计调查方法体系。

§2.2.1 普查

1.普查的概念

普查是指一个国家或地区为详细了解某项重要的国情、国力而专门组织的一次性、大规模的全面调查。主要用来收集某些不能够或不适宜用定期的全面调查报表收集的信息资料，以搞清重要的国情、国力。世界各国一般都定期进行一些大型普查，以便掌握有关国情、国力基本的统计数据资料。

2.普查的特点

主要特点有以下两个：

(1)普查比任何其他调查方式、方法所取得的资料更全面、更系统。

(2)普查主要调查在特定时期和时点上的社会经济现象总体的数量。

3.普查的作用

主要作用：一是为制订长期计划、宏伟发展目标、重大决策提供全面、详细的信息和资料；二是为搞好定期调查和开展抽样调查奠定基础。

4.普查的优缺点

优点是收集的信息资料比较全面、系统、准确、可靠；不足是涉及面广、工作量大、时间较长，而且需要大量的人力和物力，组织工作较为繁重。

5.我国的普查项目和周期安排

1994 年，我国统计调查方法改革明确了普查在统计调查体系中的基础地位，正式确立国家周期性普查制度。普查项目包括人口普查、农业普查、工业普查、第三产业普查和基本单位普查五项。其中人口普查、第三产业普查、工业普查、农业普查每 10 年进行一次，分别在逢 0、3、5、7 的年份实施；基本单位普查每 5 年进行一次，在逢 1、6 的年份实施。

2003 年对普查项目作出调整。调整后的普查项目和周期具体安排为：

(1)经济普查。将第三产业普查与工业普查、基本单位普查合并，同时将建筑业纳入普查内容，统称为经济普查。经济普查以企业事业组织、机关团体和个体工商户为对象，主要普查第二、三产业的发展变化情况。2004 年在全国进行了第一次经济普查，以后每 10 年进行两次，分别在逢 3、8 的年份实施。

(2)农业普查。以从事第一产业活动的单位和农户为对象，主要普查农、林、牧、渔业的发展变化情况。因其涉及全国广大农村和农户，具体组织、填报和审核汇总的工作难度很大，需要单独实施。每 10 年进行一次，在逢 6 的年份实施。2016 年进行了第三次全国农业普查。

(3)人口普查。以自然人为对象，主要普查全国人口和住房以及与之相关的重要事项。每 10 年进行一次，在逢 0 的年份实施。2010 年进行了第六次全国人口普查。

调整后的国家普查项目，不仅在数量上有所精简，而且在周期安排上也更趋合理。表明中国普查工作正进一步朝着制度化、法制化方向发展。特别是经济普查的覆盖面更全、数据更新更快，与国家编制五年计划的衔接更加紧密，资料的可比性、可用性将会得到明显提高；与国际上通行的做法也更趋吻合。同时，也有利于各项普查标准的协调统一和普查内容的相互衔接，从而使周期性普查、经常性抽样调查、定期统计报表和重点调查等相互衔接、互为补充。有力地推动了我国统计调查体系和国民经济核算的综合配套改革。

§2.2.2 抽样调查

1.抽样调查的概念

抽样调查是从全部调查研究对象中，抽取一部分单位进行调查，并据以对全部调查研究对象作出估计和推断的一种调查方法。抽样调查是一种非全面调查，但它的目的是取得反映总体情况的调查资料，因此，它可以起到全面调查的作用。

根据抽取样本的方法，抽样调查可以分为概率抽样和非概率抽样两类。概率抽样是按照概率论和数理统计的原理从调查研究的总体中，根据随机原则来抽取样本，并从数量上对总体的某些特征作出估计推断，对推断结果可能出现的误差可以从概率意义上加以控制。非概率抽样是按照调查人员主观设立的某个标准抽选样本的抽样方式。在我国，习惯上将概率抽样称为抽样调查。

2.抽样调查的特点

抽样调查有以下三个突出特点：一是按随机原则抽取样本；二是总体中每一个单位都有一定的概率被抽中；三是可以用一定的概率来保证将误差控制在规定的范围之内。

3.抽样调查的具体抽样方式

主要有简单随机抽样、分层抽样、整群抽样、等距抽样等。（详细内容将在后面章节中论述）

4.抽样调查的作用

一是能够解决全面调查无法或难以解决的问题；二是可以补充和订正全面调查的结果；三是可用于生产过程中产品质量的检查和控制；四是可用于对总体的某种假设进行检验。具有经济、实用、时效、准确、灵活等优点。

目前，抽样调查在我国社会经济中得到广泛应用。城乡居民收入水平、生活消费结构、生活用品消费量、恩格尔系数、CPI(居民消费价格指数)、国民经济景气指数、农民家庭生产经营情况、农产量、中小企业调查、1%人口抽样等大量影响国计民生的重要统计数据，都是通过抽样调查取得的。

§2.2.3 统计报表

1.统计报表的概念

统计报表是按照国家统计部门统一规定的表格形式、指标内容、报送程序和报送时间，由填报单位以相关的原始记录为依据，自下而上逐级提供统计资料的一种统计调查方式。

国家利用统计报表定期取得社会经济发展情况的基本统计资料。统计报表包括的范围比较广、项目比较系统、分组比较齐全、指标内容和调查周期相对稳定，是国家取得统计调查资料的重要方法。

2.统计报表的特点

统计报表主要有以下特点：

(1)统计报表的表格形式、指标内容、计算方法、报送时间和报送程序都由国家统一规定，受《统计法》和相关统计制度的约束，在报表实施的范围内，各单位都必须执行。

(2)统计报表自下而上逐级汇总上报，不仅可以满足国家管理的需要，也为各地区、各部门和基层单位社会经济、生产经营管理提供了基本的数据。

(3)统计报表是一种定期的、连续的、调查项目相对稳定的调查方式，有利于系统积累统计调查资料，进行动态对比分析。

(4)统计报表是建立在基层单位原始记录基础上的，准确可靠的基层数据能够保证统计报表数据资料的真实性和可靠性。

3.统计报表的种类

目前，我国统计报表主要有以下几种分类：

(1)按调查范围不同。可分为全面调查统计报表和非全面调查统计报表。全面调查统计报表要求调查对象的全部单位填报，非全面调查统计报表只要求调查对象中的部分单位填报。非全面调查统计报表的数据资料可采用抽样调查、重点调查和典型调查的方式取得。

(2)按报表内容和实施范围不同。可分为国家统计报表、部门统计报表和地方统计报表。国家统计报表是国家社会经济基本统计报表，由国家统计部门统一制发，用以收集全国性的社会经济发展基本情况。例如农业、工业、建筑、贸易、工资、财政、人民生活、科技、教育、文化、卫生等。部门统计报表是为了适应各部门业务管理需要而制定的专用报表。地方统计报表是根据地方特点和需要而制定的补充性统计报表。

(3)按报送周期长短不同。可分为日报、旬报、月报、季报、半年报和年报。

(4)按填报单位不同。可分为基层统计报表和综合统计报表。基层统计报表由基层行政企事业单位填报，综合统计报表由主管部门或部门根据基层报表逐级汇总填报。

它已形成一种制度即统计报表制度。执行统计报表制度，是各地区、各部门、各基层单位必须向国家和地方政府履行的一种义务。

4.统计报表制度的内容

统计报表制度的内容包括以下几个方面：

(1)表式。它是由国家统计部门根据研究的任务与目的而专门设计制定的统计报表表格，用于收集统计资料。它是统计报表制度的主体。

(2)填表说明。它是对统计报表的统计范围、指标等作出的规定，具体有：填报范围：统计报表的范围，规定每种统计报表的报告单位和填报单位，各级统计部门与主管部门的范围等。指标解释：对列入表的统计指标的口径、计算方法以及其他有关问题的具体说明。分类目标：有关统计报表主栏中应进行填报的有关项目的分类。其他有关事项的规定：除了以上各项规定以外的一些注意事项，如报送日期、报送方式、报送分数等。

5.统计报表的资料来源

主要是基层的原始记录、统计台账及基层的内部报表。原始记录是基层单位通过一定的卡、册等表格形式，对生产、经营、管理活动所进行的第一手记录。统计台账是基层单位根据统计报表要求和基层生产经营管理需要，用一定的表格形式将分散的原始记录资料按时间顺序集中登记在一个表格内。内部报表是企业内部根据生产经营管理和核算工作的需要实行的定期报表。

§2.2.4 重点调查

1.重点调查的概念

重点调查是在调查对象中，选择一部分重点单位作为样本进行调查的一种统计调查方法，是一种非全面调查。重点调查主要适用于那些反映主要情况或基本趋势的调查。如××省企业调查队在对全省近百户亏损企业进行的专项调查基础上，选择其中部分扭亏为盈企业进行的《××省扭亏为盈企业的调查》这一重点调查。

2.重点单位的选取

重点调查的单位，通常是指在调查总体中具有举足轻重的、能够代表总体的情况、特征和主要发展变化趋势的那些样本单位。这些单位可能数目不多，但有代表性，能够反映调查对象总体的基本情况。

选取重点单位，应遵循两个原则：一是要根据调查任务的要求和调查对象的基本情况来确定选取的重点单位及数量。一般来讲，要求重点单位应尽可能少，而其标志值在总体中所占的比重应尽可能大，以保证有足够的代表性。二是要注意选取那些管理比较健全、业务力量较强、统计工作基础较好的单位作为重点单位。

3.重点调查的特点

主要特点是：投入少、调查速度快、所反映的主要情况或基本趋势比较准确。

4.重点调查的作用

根据重点调查的特点，重点调查的主要作用在于反映调查总体的主要情况或基本趋势。因此，重点调查通常用于不定期的一次性调查，但有时也用于经常性的连续调查。

§2.2.5 典型调查

1.典型调查的概念

典型调查是从众多的调查研究对象中，有意识地选择若干个具有代表性的典型单位进行深入、周密、系统调查的一种统计调查方法。典型调查也是一种非全面调查。进行典型调查的主要目的不在于取得社会经济现象的总体数值，而在于了解与有关数字相关的生动具体情况。

2.典型调查的优缺点

优点是调查范围小、调查单位少、灵活机动、具体、深入，节省人、财、物力等。不足是在实际操作中选择真正有代表性的典型单位容易受人为因素的干扰，从而可能会导致调查的结论有一定的倾向性；典型调查的结果一般不宜用以推算全面数据。

3.典型调查的类型

其主要有两种类型：一是一般的典型调查，即对个别典型单位的调查研究。在这种典型调查中，只需在总体中选出少数几个典型单位，通过对这几个典型单位的调查研究，用以说明事物的一般情况或事物发展的一般规律。如××省组织实施的《××集团启示录——××市××集团成功改造国企超常发展的调查》，就是针对国有企业超常发展这一问题而进行的典型调查。二是具有统计特征的划类选点典型调查，即将调查总体划分为若干个类，再从每类中选择若干个典型进行调查，以说明各类的情况。

4.典型调查的作用

其主要作用：一是在特定的条件下用于对数据的质量检查；二是了解与数据相关的生动具体情况。

§2.2.6 问卷调查

问卷调查是运用抽样调查等方法进行专项调查的一种独特形式，是国际上通行的一种专项调查形式，也是我国近年来进行专项调查的一种主要形式。虽然目前尚不属于我国统计调查体系的构成部分，但是在国家的社会、政治、经济、文化生活各方面，特别是在企业市场研究和社会民意调查中得到越来越广泛的应用。所以把这部分内容作以下重点介绍。

1.问卷调查的概念

问卷调查就是根据调查目的，制定调查问卷，由被调查者按调查问卷所提的问题和给定的选择答案进行回答的一种专项调查形式。

2.问卷调查的特点

(1)通俗易懂，实施方便。采用问卷形式，将调查的问题和可供选择的答案均提供给被调查者，由其从中选择，容易被调查者接受。

(2)适用范围广。问卷调查既适用于对社会政治经济现象进行调查，也适用于对社会广大群众关心的问题进行调查。

(3)节省调查时间，提高调查效率。由于调查问卷中已将调查目的、内容、问题及可供选择的答案列出，因此一般情况下，只需由调查者进行选择回答即可。可节省时间，加快调查进度。

3.调查问卷的设计

调查问卷设计的质量对调查质量及问卷调查的成败影响很大。根据调查目的、调查对象、调查方法来设计科学、有效的调查问卷，是一项技术性较强的工作。通常，在问卷设计之前，要初步熟悉和掌握调查对象的特点及调查内容的基本情况，然后结合实际需要与可能，全面、慎重考虑，多方征询意见，把调查问卷设计得科学、实用，以保证取得较好的调查效果。

(1)调查问卷的结构和内容。一份较好的调查问卷，通常按以下结构和内容设计：

①问卷的名称。应简明扼要，概括调查的主题，使被调查者明确主要的调查内容和调查目的。

②被调查者的基本情况。主要是指被调查者的一些主要特征。例如，对企业进行调查，其基本情况是指企业名称、单位代码、行政区划代码、企业地址、企业规模、企业所在国民经济行业、企业登记注册类型、职工人数、销售收入等。具体列入多少项目，应根据调查目的、调查要求而定，并非多多益善。

设置这些项目，一是为了满足对调查资料进行分组研究的需要；二是便于进一步了解被调查者情况；三是查询的需要。

③调查问卷的主体内容。就是调查者所要调查的基本内容，这是调查问卷中最重要的部分。由于采用问卷的形式，所以调查问卷的主体内容应主要是根据调查目的，提出调查的问题和可供选择的答案。调查问卷的主体内容主要包括以下三个方面：

一是人们的行为，包括对被调查者本人的行为或通过被调查者了解他人的行为。例如，对消费者的消费行为进行调查，就要调查消费者的具体消费行为。

二是人们的行为后果。例如，对开征利息税社会效应进行调查，就是向被调查者调查开征利息税对其实际收入的影响等。

三是人们的态度、意见、感觉、偏好等。例如，进行下岗职工再就业意向调查，就要调查目前是否有就业愿望、不愿再就业的原因、未能就业的原因、现在寻找工作的方式、希望从事哪些新工作、对政府及有关部门实施的再就业工程的要求或建议等。

设计调查问卷的主体内容应注意以下两点：一是内容不宜过多、过繁，应根据需要确定；二是上述三项内容并非每个专项调查问卷中都要设置，而应根据调查的需要决定。

④作业证明的记载。是指要在调查问卷的最后注明调查员的姓名、访问日期、访问时间等。如有必要，还需注明被调查者的姓名、单位或家庭住址、电话等，以便于审核和进一步追踪调查。

⑤问卷说明。一份完整的专项调查问卷，还应包括必要的问卷说明，通常包括：调查的目的和意义；指标解释、调查须知及其他事项说明等；如涉及需为被调查者保密的内容，必须指明予以保密，不对外提供等，以消除被调查者的顾虑。

(2)调查问卷的形式。主要有开放式、封闭式、半开放式三种形式。所谓开放式调查问卷，是指对问题的回答不提供任何具体的答案，而由被调查人自由回答的调查问卷。使用开放式问卷的优点在于可以使调查得到比较符合被调查者实际的答案；缺点是有时意见比较分散，难以综合。

所谓封闭式调查问卷，是指答案已经确定，由调查者从中选择答案的调查问卷。封闭式调查问卷的优点是便于综合;缺点是有时答案可能包括不全。因此，使用封闭式调查问卷时，必须要把答案给全。

所谓半开放式问卷，是指给出部分答案(通常是主要的)，而将未给出的答案或用其他一栏表示，或留以空格，由被调查者自行填写。

(3)需要注意的问题。在调查问卷设计中，要注意以下几点：

①问卷要编码。目的是满足调查数据处理的需要。对此，切不可忽视。

②目的要明确、重点要突出、内容要简洁，避免可有可无的问题。

③提问自然、用词准确、通俗易懂、适合被调查者身份、易为被调查者接受与合作。

④要充分考虑到分析和研究的需要。

★知识链接 **市场调查案例**

××牌啤酒市场调查报告

调查单位:××市场调查有限公司

调查内容:××市公交车车身广告

调查范围:广告投放效应及媒体研究

调查时间:××××年××月××日至××月××日

报告人:××

一、市场调查方案

(一)调查目的

得出××啤酒车身广告受众的背景资料(如性别、年龄、家庭月收入等);2.对××啤酒车身广告效用进行客观中立的评估;3.对××啤酒车身广告在××市投放的全部广告中所起的效用进行客观中立的评估。

调查背景说明:××啤酒车身广告发布效果实证是×××市场调查有限公司为客户提供的户外广告效果调查服务，以保证客户有科学的市场调查数据来衡量车身广告的效果，同时为客户以后的媒体投放计划提供策略上和数据上的支持。

这项研究由独立的第三方市场调查公司定期执行。该项调查规模庞大，在全国超过10个以上的城市进行了连续2年的测试，并且在这个基础上，×××市场调查有限公司建立了巴士广告投放效果预测模型。

××××年的发布效果实证选取了部分案例，主要调查内容包括:品牌及广告的认知率、到达率、接触频次、广告心理传播幅度形态CSP等。

调查方法:定量研究，每个城市至少抽取300个以上样本，每次在4个以上可变的调查地点进行随机拦截问卷访问。

(二)调查时间

××××年××月××日至××月××日。

(三)调查地点

××市市区。

(四)调查对象

受访者要求:26—55岁,男女不限。

(五)调查方式

根据问卷面对面访问受访者。

(六)抽样方法

随机街头拦截访问,根据年龄要求寻找受访者。

(七)调查地点及样本量

××购物广场(100个样本);××公园(100个样本);××休闲广场(150个样本);××小区(100个样本)。

(八)问卷设计(略)

二、调查报告纲要

1.啤酒行业分析:(1)前言;(2)消费习惯

2.户外媒体使用行为研究

3.××啤酒广告调查城市环境概况(××市)

4.××啤酒广告效果研究及目标分析

5.××啤酒广告效果评估结论

6.结尾

三、调查报告内容

(一)啤酒行业分析

前言:随着炎炎夏日的来临,啤酒大战不可避免地在各地市场再次爆发。与以往几年不同的是,此轮啤酒大战的核心不再是价格因素,随着大众消费水平的提高,价格已不再是消费者啤酒消费决策的主要因素,而品牌和流行时尚却成为消费者自觉或不自觉的最主要的着眼点。

消费习惯一:一周内城市居民人均消费2.49罐罐装啤酒;3.4瓶瓶装啤酒;2.73杯扎啤。

消费习惯二:过去一年饮用过啤酒的人最常购买的品牌(全国)华润蓝剑占11.4%;三得利占7.2%;雪花占4.9%;山城占4%;××牌占2.9%。

消费习惯三:外资啤酒品牌消费分析

1.××牌、喜力、虎牌、贝克等消费者定位在年轻的男性;麒麟、汉莎等是中年男性;科罗娜是女性消费者。

2."洋啤"针对的目标消费群体主要是部分工作稳定、收入水平较高的年龄在25—35岁的年轻人,其消费意识与其现代的生活态度和时尚观点密切相关。

消费习惯四:

1.“国啤”“洋啤”、地区性啤酒生产企业的迅速发展，造成了啤酒行业的白热化竞争，必然导致啤酒行业内部的“重新洗牌”。规模化、个性化和品牌竞争成为啤酒企业进行势力较量的三大法宝。

2.与此同时，消费者也变得更加挑剔，摒弃了“从一而终”的传统观念，成为啤酒消费时尚的追随者。

3.低价格已不是啤酒市场竞争的决定性因素，决定性因素是品牌本身的价值和内涵。

(二)户外媒体使用行为研究

1.广告就是尽快使消费者从不知晓到产生购买行动。不知晓的消费者将呈漏斗式的递减传递，越到底层人数越少。知晓，目标顾客必须先知道这个品牌或公司的存在。理解，他们必须知道这个产品是什么以及它们有什么作用。确信，他们必须在心态上倾向或确信要购买这个产品。行动，他们必须产生购买行动。

2.广告的功能是把“产品及品牌信息传递给消费者”，其直接的结果，产生或未产生购买行动，消费者对广告所宣传的商品，也会在知识或感觉上发生变化。

3.广告的目标在于改变受众的态度，在这个过程当中，可分为未知、知名、理解、确信、行动(购买)五个阶段。所以，减低多少未知率(如50%减到30%)，提高多少知名率、理解率、确信率、购买率，便成为广告的目标。

4.广告的传播幅度形态——CSP。一般情况下，消费者都经过五个阶段，最后借助促销力量，唤起购买行动将商品的知名率、理解率、确信率、购买率提高。用图形表示即传播幅度形态——CSP，它可以直观显示出达到品牌各传播阶段的消费者比例。

广告发布前与发布后所测定的CSP变化，就是因该广告所影响的心理改变的效果。通过调查，不仅能测出特定时段的广告效果，也能成为下次设定广告目标的重要资料。

广告效果主要指超强的视觉冲击力；最佳的视线效果；低成本，高效益；有独树一帜的创意；接触层面更广；接触的次数更多等。

在车身上做巨大的流动广告牌，可以加深品牌印象，能够在售点附近接触消费者，醒目的标题也容易被看见。

(三)××啤酒广告效果研究及目标分析

××啤酒广告被调查受众的性别比例分布：女性占54%，男性占46%。

××啤酒广告被调查受众的年龄分布，46—55岁的占17%，36—45岁的占25%，26—35岁的占58%，这部分受众对百威啤酒品牌有较大的认识，并具有一定的购买力和购买潜力。

××啤酒广告被调查受众的收入水平分布，以1000—3000元居多。

××啤酒广告被调查受众的文化程度分布，大专以上学历的达到41%。

××啤酒车身广告总体效果，在521名有效受访者中，表示“非常喜欢”的占13%，“比较喜欢”的占55%，“一般”的占31%，“不太喜欢”的占1%，“很不喜欢”的为零，因此，受访者对××啤酒车身广告的平均受欢迎程度趋近于“比较喜欢”。

××啤酒各类广告总体告知情况，在 521 名有效受访者中，有 355 名见过××啤酒报纸广告，304 名见过电视广告，243 名见过路牌广告，182 名见过候车亭广告，171 名见过灯箱广告，467 名见过车身广告，为××啤酒各类广告告知率第一。

(四)百威啤酒广告效果评估结论

抽样调查资料汇总结果表明：

1.对广告受众来讲，户外媒体广告相对于电视广告、报纸杂志广告具有较强的选择性；公交车广告是一种能够吸引公众注意的重要广告形式。与其他户外媒体相比，公交车广告易于在受众中产生对产品的认知，易于得到受众的关注与信任；受众认为公交车广告具有较强的信息传递能力和影响能力，易于使受众了解产品特征、改变品牌印象等，进而影响受众的消费行为；公交车广告具有较强的流动性，可以全天候地进行信息的传播。

2.××啤酒车身广告平均受众接触频率为 1.4 次/周；广告知晓率为 86.7%；广告领悟率为 82.7%；广告美誉度为 72.18%。

3.被调查对象对公交车广告的印象较深的方面(多选)：各项总和大于 100%；××啤酒：色彩 76.2%、图案 35.9%、品牌 37.4%、广告语 28.2%、其他 1.5%。

4.广告知晓度＝被调查者中见过该广告的比例×正确回答广告品牌名称的比例＝(61.3%＋15.9%)×82.3%≈63.5%。被调查对象是否见过××啤酒的公车广告：肯定见过 242 人，占 61.3%；好像见过 63 人，占 15.9%；没见过 90 人，占 22.8%。

§2.3 统计调查方案

统计调查方案是统计调查工作有计划、有组织、有系统进行的保证。统计调查的对象是社会经济现象，其大量性和复杂性决定了任何一项统计调查任务，都是一个系统工程。一个规模较大的统计调查项目，往往需要动员大批人员，甚至成千上万人协同工作才能完成。因此，为了在调查过程中统一认识、统一步调、统一方法、统一内容，保证统计调查资料的准确、及时、全面，无论采取什么调查方式收集资料，都必须在调查开始之前做好各项准备工作，根据需要和可能，设计一套周密的、切实可行的统计调查方案。统计调查方案应包括以下基本内容：调查目的、调查对象、调查项目、调查表、调查时间和调查时限、调查的组织工作。

§2.3.1 确定调查目的和任务

制订统计调查方案首先要解决的问题就是明确调查的目的和任务。不同的调查目的和任务，决定着不同的调查内容和范围、需要不同的调查资料，不同的调查资料又需要不同的收集方法。任何社会经济现象，都可以根据不同的目的、任务，从不同的角度，用不同的方法来收集资料。例如，对于农村经济情况的调查，既可以从农业生产方面来考虑，也可以从农民生活消费方面来考虑，还可以从生产经营成本和农业科技推广应用等方面来考虑。目的不明，任务不清，就无法确定向谁调查、调查什么、怎样调查等一系列问题，以致无法开展工作。调查目的和任务，应根据社会经济实际需要，结合调查对象特点来制定。目的要具体，重点要突出。例如，2006年第二次全国农业普查的目的是：全面掌握我国农业、农村和农民的基本情况，为研究制定经济社会发展规划和科学决策提供依据，为农业生产经营者和社会公众提供统计信息服务。

§2.3.2 确定调查对象和调查单位

调查对象是根据调查目的和任务所确定的研究总体，也称统计调查总体。确定了调查对象，就可以明确调查的总体界限，避免因界限不清而影响统计调查资料的准确性。例如，2000年第五次全国人口普查的对象确定为：具有中华人民共和国国籍并在中华人民共和国境内常住的人。

调查单位是构成调查对象的每一个具体单位，也就是总体单位。它是调查对象的组成要素，是调查项目和内容的承担者。确定了调查对象，就解决了向谁收集资料的问题。例如，人口普查的调查单位是每一个人。

在确定调查对象时，还必须确定报告单位。报告单位是负责报告统计调查资料的单位，也是调查对象的组成要素。

调查单位是调查资料的直接承担者，报告单位是负责报告统计调查资料的单位。根据调查目的和任务的不同，二者有时一致，有时不一致。例如，工业企业生产经营情况调查，每一工业企业既是调查单位，又是报告单位；工业企业职工收入状况调查，每一职工是调查单位，工业企业是报告单位。

§2.3.3 确定调查项目

调查项目是统计调查中所要登记的调查单位的特征，也称为统计标志。就是要调查的具体内容，它是解决向调查单位调查什么的问题。

调查项目直接关系到调查资料的质量，确定调查项目时，应注意以下几点：①只选择与调查目的和任务直接有关的标志作为调查项目，以减少工作量；②所选择的项目能够取得确切资料，以保证调查资料的全面性和准确性；③各项目之间尽量能够互相联系，以便互相核对；④与过去同类调查项目尽量互相衔接，以便进行动态比较和分析。

§2.3.4 制定调查表

将调查项目按一定的顺序排列在一定的表格上，这就是统计调查表。制定调查表的目的是保证统计资料的规范化和标准化。它是容纳调查项目、收集调查资料的基本工具，是调查方案的核心部分。运用调查表不仅能够条理清晰地反映收集的资料，而且便于调查资料的汇总整理。

调查表一般由表头、表体和表脚三部分构成。表头用来标明调查表的名称以及填写调查单位(填报单位)的名称、性质、隶属关系等;表体是调查表的主体部分,包括调查项目及其数量表现、栏号、计量单位等;表脚包括调查者签名及调查日期等。以人口普查表为例,如下表所示。

户主姓名底册(参考样式)

县　　　　乡

市(区)　　镇、街道　　普查区　　普查小区　　普查小区户籍人口总数:　　人

户编号	房屋编号	本户地址	户主姓名	应在本户登记人数	1999.11.1—2000.10.31		本户户籍人口中		暂住本普查小区离开户口登记地不满半年人数	备注
					出生人数	死亡人数	外出不满半年人数	外出半年以上人数		
1	2	3	4	5	6	7	8	9	10	11
合计										

普查员(签名):　　　　　　　　　　　　2000 年 10 月　日

调查表有单一表和一览表两种形式。单一表是一个调查单位填写一份表格,可以容纳较多的项目。一览表是一张表格可以登记许多调查单位的调查资料,在调查项目不多时较为简便(如上表)。

调查表一般都附有填表说明和指标解释。填表说明是使用表格时应注意的事项。指标解释是为了说明调查表中每一个指标的含义,包括范围、计算方法等。

§ 2.3.5 确定调查时间和时限

调查时间是指调查资料所属时间。如果调查的是时期资料,调查时间是资料所反映的起始时间;如果调查的是时点资料,调查时间就是统一规定的标准时点。

调查时限是指进行调查工作的期限,包括收集资料和报送资料的整个工作所需要的时间。例如,某管理局要求所属企业在 2007 年 1 月底以前上报 2006 年工业总产值资料,则调查时间是一年,调查时限是一个月。

§2.3.6 确定调查工作的组织实施计划

为确保整个统计调查工作顺利进行，调查方案还应有一个完善的组织实施计划。主要内容包括调查领导机构和办事机构，调查人员的组织，调查的方式方法，调查资料报送管理，调查成果的发布和提供，前期准备工作，如宣传发动、经费预算、人员培训、组织试点等。

★ 知识链接 **调查方案实例**

第二次全国农业普查综合试点方案

一、试点目的

通过在试点地区全过程组织实施农业普查，全面检验第二次农业普查方案的可行性、科学性和系统性，取得组织实施农业普查各个环节的具体经验，为顺利开展第二次全国农业普查工作奠定基础。

二、试点对象

××省××市××区。

三、试点内容

综合试点内容包括农业普查的全过程，具体包括机构组建、宣传动员、普查员选调、方案培训、清查摸底、入户登记、复查审核、手工汇总、普查表封装、数据处理、事后质量抽查、试点总结等环节。

四、试点实施步骤

(一)成立试点机构

综合试点由国务院第二次全国农业普查办公室负责组织领导综合试点工作。按照普查分级组织和领导模式，由××省农普办按照普查组织领导机构及其职责实施细则的要求，组织指导试点区、镇的普查机构的组建。

(二)宣传动员

由××省农业普查办公室按照国家有关农普的宣传要求，组织指导试点区、镇的宣传工作。具体试点区、镇按照××省农普办的要求，充分利用各种媒体及各种行之有效的宣传形式，宣传第二次全国农业普查的意义和要求，广泛动员和组织各方面的力量组织好具体的宣传工作，为农业普查的具体实施营造良好的环境。

(三)普查员的选调

根据试点地区普查对象的数量、工作的难易程度等，由具体负责试点的区、镇普查领导机构抽调或者招聘符合普查要求的普查员和指导员，组成完成普查工作的必要的基层工作人员。

(四)组织培训

由国家农普办组织对××省及各省现场观察人员的培训，由××省组织试点区、镇对普查员、普查指导进行培训。

国家农普办对省的培训内容包括普查方案及其指标解释以及实施细则的讲解，目标是使省普查办人员了解方案设计的意图、方案的具体内容和组织实施方法。试点区、镇的培训重点是对普查的清查摸底、普查表各项指标的解释及填报方法、人工数据审核方法等各项细节进行培训，目标是使普查员能够准确、高效、及时地完成登记工作。

（五）清查摸底

由具体负责实施农业普查的镇、村农业普查试点机构组织普查员对本普查小区内的住户和单位进行清查。目标是按照清查摸底实施细则的要求，查清辖区内全部普查对象的基本情况。清查摸底的结果是要绘制普查区和普查小区的地图，并编制各普查小区的住户和单位的名录。

在城镇地域，由区、镇普查机构根据工商、税务、民政、编制办、质检等机构提供的单位资料，找出符合普查对象条件的单位，形成城镇地域农业生产经营服务单位。有农业用地和单独农业生产设施的居委会，还需要对农业生产经营户进行清查。

在清查中发现普查小区内住户的属性不清、普查单位界限划分不清等问题时，要逐条研究并提出解决办法。同时，国家和省两级普查试点机构对有关问题进行解答和确认。

（六）普查登记

按照普查区和普查小区，以及城镇地域的住户和单位名录按类发放普查试点表，进行各项具体的登记工作。

负责各普查小区的普查员在指导员的指导下对住户类普查表进行访问登记。

乡镇和行政村的普查表由试点地区普查机构统一布置，由乡镇政府统计机构和村委会有关人员填报。

农业生产经营服务单位普查表由试点地区普查机构统一布置填报。

普查试点表的时期指标填写 2005 年度数据，时点指标填写 2005 年 12 月 31 日数据。

（七）复查审核

普查登记工作完成之后，要由区农业普查办公室按照普查实施细则有关复查的工作细则和质量检查办法，制订详细的质量检查方案，对普查登记数据进行复查和人工审核，对发现的填报差错做好记录，将普查登记数据控制在质量要求范围之内。

（八）手工汇总

根据手工汇总实施细则，由区、镇农业普查办公室组织普查指导员和普查员对住户、单位、村、乡镇有关情况进行手工过录和汇总。

（九）普查表封装

完成手工汇总后普查表要进行普查封装练习，确保调查表不折不皱，整洁安全。试点结束后全部普查表将被带回，国家农普办进行光电录入测试。

（十）数据处理

数据处理包括普查数据的录入和必要的编辑、审核和汇总处理等。县一级农普办组织人员使用统一的数据处理软件进行手工录入，并进行机器必要的编辑、审核和汇总试验；对数据处理过程中发现的问题做好记录。

（十一）事后质量抽查工作

根据事后质量抽查实施细则，开展抽查登记、抽查结果与普查结果比较、汇总等工作。

（十二）综合试点总结

在综合试点过程中，普查员要根据工作情况，每天填写试点工作日志，将试点工作进展情况、遇到的问题、解决的办法等逐一记录下来。在试点工作结束后，试点地区要对试点的全过程进行认真全面总结，总结出能够在全国农业普查实施的经验。

国家农业普查试点现场工作组根据工作的进展情况，及时负责组织召开各种现场讨论会，解决普查中出现的各种问题。同时还要组织召开各种专题讨论会，研究普查全面铺开后可能出现的问题及解决方法。

五、重点研究的问题

（一）普查范围、对象和原则是否有明显缺陷，以致产生普查登记对象和内容的重漏？

（二）普查内容是否基本符合需要？指标分类和解释是否完整、准确？收集是否简便？填写是否方便？

（三）清查摸底、登记、复查、手工汇总、事后质量抽查以及普查资料保管等各细则工作步骤是否清晰、可行？

（四）清查摸底表是否能达到识别普查登记对象的目的，难易程度？

（五）摸底表、过录表、手工汇总表是否配套并能达到预定目的？

（六）事后质量抽查各种表是否配套？是否能达到预期目的？

（七）如何向普查对象宣传农业普查并使他们更好地配合普查？

（八）普查培训工作如何组织才能使普查员更快更好地掌握普查登记技能？

（九）普查实施的各阶段，特别是摸底、登记、复查、手工汇总阶段的工作量、工作强度以及时间安排。

六、综合试点工作的时间安排

综合试点工作安排在 2006 年 4—5 月。

七、试点要求

综合试点要求试点地区按全国农业普查试点方案组织试点，并根据本地实际情况制定具体普查试点操作办法。对于综合试点，主要强调以下三个方面：

（一）高度重视，加强领导

综合试点工作是农业普查的重要环节，通过综合试点，需要探索国家农业普查方案的可行性和实施办法的普遍性，为全国农业普查的铺开打下坚实的基础。因此，要求综合试点地区各级农业普查机构要从思想上对试点工作予以高度重视，加强领导。

(二)认真组织，做好普查各项组织实施工作

综合试点工作要求试点地区一定要认真做好各项组织工作，按照正式普查的要求和工作流程认真组织综合试点，并抓好各项试点工作的落实，高质量完成试点工作，切实保障综合试点能为全国农业普查的正式开展提供经验。

(三)认真总结，及时发现问题和解决问题

在综合试点过程中，试点地区要勇于开拓，积极实践，在实践中认真总结试点过程中所出现的问题，及时发现全国农业普查正式实施后可能出现的问题，并提出行之有效的解决办法。

八、试点方案的印发

试点使用的各类普查表和普查方案，由国务院第二次全国农业普查领导小组办公室印发。

九、试点后续工作

综合试点结束后，试点地区要认真总结试点工作，及时向国务院第二次全国农业普查领导小组办公室上报下列资料：

1.试点工作总结报告，包括主要做法、经验和存在问题；

2.试点地区数据、汇总结果和分析报告；

3.对农业普查方案、实施细则的改进意见；

4.对农业普查组织实施的意见；

5.试点工作经费情况，包括宣传、培训和调查补贴等经费支出情况。

【思考题】

1.统计调查的概念和意义是什么?

2.收集统计调查资料主要有哪些具体的方法?

3.我国的统计调查体系主要运用哪些调查方法？它们各处于什么地位?

4.什么是抽样调查？它有哪些优点?

5.我国的普查项目有哪几项？它们的普查对象和主要内容分别是什么?

6.设计调查问卷应注意哪些问题?

7.设计统计调查方案应包括哪些基本内容?

【教学参考资料】

李洁明、祁新娥:《统计学原理》，复旦大学出版社，2004 年 11 月第三版。

黄良文:《社会经济统计学原理》，中国统计出版社。

黄良文:《统计学原理》，中国统计出版社。

陈仁恩:《统计学原理习题解答问题辨析》，中国统计出版社。

董逢谷:《统计学案例集》，上海财经大学出版社。

徐国祥:《统计学》，上海财经大学出版社。

贾俊平:《统计学》，中国人民大学出版社。

【案例讨论】

为贯彻科学发展观，加强环境监督管理，发展生态文明，促进节能减排，加强环境监督管理，提高科学决策水平，我国将在近期开展污染源调查。目的是通过调查，掌握各类污染源的数量、行业和地区分布情况，了解主要污染物的产生、排放和处理情况，建立健全重点污染源档案、污染源信息数据库和环境统计平台，为制定社会经济发展和环境保护政策、规划提供依据。

【讨论问题】

1.你认为这项调查采用哪种调查方法合适？为什么？

2.你认为由什么部门牵头较为合适？为什么？

3.请你按照选取的调查方法写出调查方案要点。

第 3 章　统计数据的整理

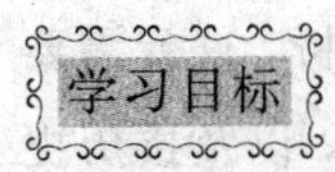
学习目标

★ 知识目标

1.了解统计整理的意义和步骤。

2.理解统计数据的汇总和显示。

3.掌握品质分布数列的概念、数量分布数列(变量数列)的概念和频数和频率的概念。

4.了解统计表的结构和编制规则。

★ 能力目标

1.掌握统计数据分组方法，能够根据所给资料编制品质(属性)数列和变量数列，并能够进行图形描述。

2.能够利用 Excel 软件对统计资料进行整理。

★ 任务描述与分析

经过前期艰苦的统计调查，你已经从中获得了原始的调查资料，统计调查阶段结束。但调查获得的一手资料是零散的、无序的，所以，现阶段的任务就是对收集得来的统计资料进行整理，为下一阶段的统计分析奠定基础。

§3.1 统计数据整理概述

§3.1.1 统计整理的概念及意义

1.统计整理的概念

统计整理就是对收集得到的初始数据进行审核、分组、汇总，使之条理化、系统化，变成能反映总体特征的综合数据的工作过程。对已整理过的资料(包括历史资料)进行再加工也属于统计整理。

2.统计整理的意义

(1)通过统计调查可以取得第一手资料，但这种资料只能反映总体各单位的具体情况，是分散、零碎、表面的。要说明总体情况，揭示出总体的内在特征，还需要对这些资料进行加工整理，使之系统化，以便通过综合指标对总体作出概括性的说明。

(2)统计整理是整个统计工作和研究过程的中间环节，起着承前启后的作用。统计整理是统计调查的继续，又是统计分析的基础。统计调查所收集到的资料，只有通过科学的审核、分类、汇总等整理工作，才能使统计在认识社会的过程中，实现由个别到全体、由特殊到一般、由现象到本质、由感性到理性的转化，才能从整体上反映出事物的数量特征。否则统计调查所得的资料再丰富、再完备，其作用也发挥不出来，统计调查就将徒劳无益，统计分析也将无法进行。

(3)统计整理还是积累历史资料的必要手段。统计研究中经常要用动态分析，这就需要有长期累积的历史资料，而根据积累资料的要求，对已有的统计资料进行筛选，以及按历史的口径对现有的统计资料重新调整、分类和汇总等，都必须通过统计整理工作来完成。

§3.1.2 统计整理的原则和内容

1.数据整理的原则

(1)目的性原则；

(2)联系性原则；

(3)简明性原则。

2.数据整理的内容和步骤

统计整理是一项细致而周密的工作，需要有计划、有组织地进行。因此需要设计一个完整的统计整理方案，一般来讲，统计整理可分为以下步骤，如图 3—1 所示。

图 3—1　统计整理的工作步骤

(1)设计统计整理方案

整理方案与调查方案应紧密衔接。整理方案中的指标体系与调查项目要一致，或者是其中的一部分，绝不能矛盾、脱节或超越调查项目的范围。整理方案是否科学，对于统计整理乃至统计分析的质量都是至关重要的。

(2)对调查资料进行审核、订正

在汇总前，要对调查得来的原始资料进行审核，审核它们是否准确、及时、完整，发现问题，加以纠正。统计资料的审核也包括对整理后次级资料的审核。

(3)进行科学的统计分组

用一定的组织形式和方法，对原始资料进行科学的分组，是统计整理的前提和基础。

(4)统计汇总

对分组后的资料，进行汇总和必要的计算，就使得反映总体单位特征的资料转化为反映总体数量特征的资料。

(5)编制统计表

统计表是统计资料整理的结果，也是表达统计资料的重要形式之一。根据研究的目的可编制各种统计表。

§3.1.3 数据的预处理

1.数据的审核

对调查资料进行审核是统计整理的第一步，包括以下内容：

(1)审核资料的完整性和及时性

审核资料的完整性，就是看调查单位或填报单位是否齐全；规定的项目是否都有答案，应报资料的份数是否符合规定。

审核资料的及时性，是看填报单位是否按时报送了有关资料。对不报、漏报或迟报的现象都要及时查清。

(2)审核资料的正确性

审核资料的正确性，是检查所填报的资料是否准确可靠。常用的审核方法有两种：

①逻辑检查

首先，从理论上或常识上检查资料是否有悖常理、有无不切实际或不符合逻辑的地方。比如，一张调查表中，年龄是 9 岁，学历是研究生，其中必有一个是错误的。再如，若在某劳动密集型行业的报表中，企业规模为大型，而职工人数则是 100 人，这其中也必有一错。

其次，是检查各项目之间有无相互矛盾的地方。例如，企业的净利润大于同期总收入就是明显的逻辑错误。

②计算检查

即检查各项指标的计算口径、计量单位是否符合规定，并通过各种计算方法来检查各指标间的数字是否相互衔接。

(3)历史资料的审核

在利用历史资料(或其他间接资料)时，应审核资料的可靠程度、指标含义、所属时间与空间范围、计算方法和分组条件与规定的要求是否一致。一般可以从调查资料的历史背景、调查者收集资料的目的以及资料来源等，来判断资料的可靠程度，也可以从指标间的相互关系以及指标的变动趋势来检查它的正确性。对不能满足现在要求、缺漏或有疑问的资料，要进行有科学根据的推算、弥补和订正。

2.资料审核后的订正

通过上述审核，如发现有缺报、缺份和缺项等情况，应及时催报、补报；如有不正确之处，则应分不同情况作如下处理：

(1)对于可以肯定的一般错误，应及时代为更正，并通知原报单位。

(2)对于可疑之数或无法代为更正的错误，应要求原单位复查更正。

(3)如果所发现的差错在其他单位也可能发生时，应将错误情况通报所有单位，以免发生类似错误。

(4)对于严重的错误，应发还重新填报，并查明发生错误的原因，若属于违法行为，则应依法严肃处理。

§3.2 统计数据分组与频数分布

§3.2.1 统计分组的含义

1.概念

根据社会经济现象的特点和统计研究的目的要求，按照一定的标志把总体划分为若干不同性质的组或类型，称为统计分组。

统计分组的对象是总体，统计分组的关键是选择分组标志与划分各组界限。选择分组标志，是确定将统计总体区分为各个性质不同的组的标准或依据。划分各组界限，是根据分组标志，划定各相邻组间的性质界限和数量界限。

将统计资料按其分组标志进行分组的过程，实际上就是统计分布数列形成的过程，如图3—2所示。

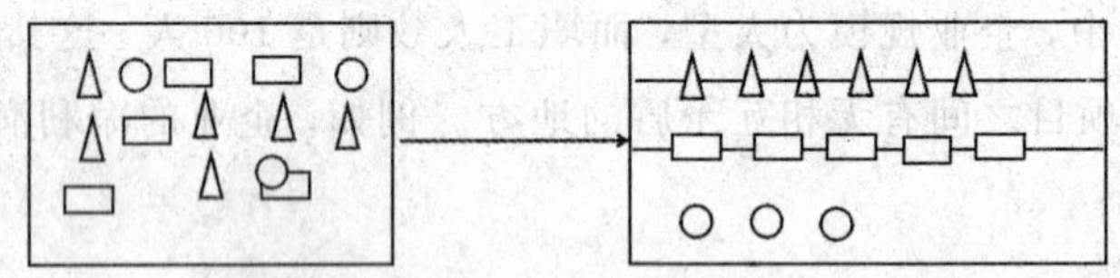

图3—2　统计分组示意图

分布数列是指在统计分组的基础上，将总体单位按类入组，并汇总各组内的单位数，形成总体中单位数在各组间的分布。

2.统计分组的深层次理解

从分组的性质来看，分组兼有“分和合”双重含义。

(1)对于现象总体而言，是“分”，即把总体分为性质相异的若干部分；对于总体单位而言，是“合”，即把性质相同的许多总体单位合为一组。

(2)对于分组标志而言，是“分”，即按分组标志将不同的标志表现分为若干组；对于其他标志而言，是“合”，即在一个组内的各单位即使其他标志表现不相同也能结合在一组。

由此可见，选择一种分组方法，突出了一种差异，显示了一种矛盾，必然同时掩盖了其他差异，忽略了其他矛盾。不同的分组方法，可能得出不同的结论。缺乏科学根据的分组，不但无法显示事物的根本特征，甚至会把不同性质的事物混淆在一起，歪曲社会经济现象的本质。因此，统计分组必须先对所研究现象本质作全面的、深刻的分析，确定所研究现象类型的属性及其内部差别，而后才能选择反映事物本质的正确的分组标志。

由上述概念可看出，分布数列包含两个组成要素，即分组和次数。

§3.2.2 统计分组的原则

1.穷尽原则

穷尽原则就是使总体中的每一个单位都有组可归，或者说各分组的空间足以容纳总体所有的单位。

例如：文化程度：小学毕业、中学毕业(含中专)、大学毕业；文盲及识字不多、小学程度、中学程度、大学及大学以上。

上例中，根据文化程度的两种分组结果，显然第一种结果不符合穷尽原则，因为还存在文盲和没有读小学的情形。而第二种分组则包含了所有的情形，是可行的。

2.互斥原则

互斥原则就是在特定的分组标志下，总体中的任何一个单位只能归属于某一组，而不能同时或可能归属于几个组。

例如，服装：男装、女装、童装。

这不符合互斥原则，因为童装也有男、女装之分。若先把服装分为成年与儿童两类，然后每类再分为男、女两组，这就符合互斥原则了。

§3.2.3 统计分组的作用

1.反映总体特点和规律

对于零星、分散的统计资料，经过统计分组整理后，资料可以变得有条理，从而能够更直观地反映事物的特点。

例如，某班 45 名同学，以下是某次统计考试的卷面成绩。

88　74　60　47　96　89　77　91　66　92　75　70　57　86　80

77　93　71　60　56　82　83　67　63　52　73　91　87　85　74

82　68　83　72　52　93　68　78　88　83　78　72　76　80　62

根据以上资料我们无法对该班的学习成绩进行具体分析。现在，我们对上述资料进行分组整理，编制成如表 3—1 所示的某班学生统计考试成绩分组表(对于相邻两组的重叠部分，一般按照“上限不在内”的原则)。

表 3－1　　　　某班学生统计考试成绩分组

按成绩分组	学生人数(人)
60 分以下	5
60—70 分	8
70—80 分	13
80—90 分	13
90—100 分	6
合 计	45

经过整理分组后，就能够比较直观地反映该班的总体成绩情况了。

2.区分社会经济现象的类型

社会经济现象千差万别，要了解各种社会经济现象的性质、特点及其相互关系，必须根据某种标志把它们划分为性质不同的类型，以便揭示不同社会经济现象的质的差异。

例如，国民经济按产业分组;农业分成农、林、牧、渔业各组;这些分组也叫类型分组。

再如，表 3－2 是我国城镇居民家庭收入消费性支出按商品类别分组的统计表，它将全部消费品分为八大类，尽管它们同属于消费品，但在效用上却有“质”的差别。通过这种分类，可以反映我国居民和社会集团的商品性消费中不同类别的商品所占的地位和作用，也为进一步研究我国消费品零售额的水平与结构提供了便利条件。

表 3－2　　　　我国城镇居民家庭人均消费支出及构成

按商品类别分组	零售额(元)	构成(%)
食品类		
衣着类		
家庭设备用品及服务类		
文化娱乐用品类		
交通通信类		
医疗保健类		
居住类		
杂项商品类		
合计		

3.揭示社会现象的内部结构

从数量上反映总体内部的结构是统计研究的重要任务。总体的内部结构可体现部分与整体的关系以及各部分之间存在的差别和相互联系，反映事物从量变到质变的过程，帮助人们掌握事物的特征，认识事物的性质。如表 3－3 所示，该分组显示的信息能帮助我们很好地了解到我国的产业类别及各大产业的就业情况，从而可以感知各大产业在近年发展的一个大概趋势。

表 3－3　　我国人口就业构成变化(%)

产业类别	1980 年	1990 年	2000 年
第一产业	68.7	60.1	50.0
第二产业	18.2	21.4	22.5
第三产业	13.1	18.5	27.5

4.分析社会现象之间的依存关系

社会经济现象之间广泛地存在着相互依存的关系，如农作物的耕作深度与收成率之间、合理密植与农产量之间、家庭的工资收入与生活费支出之间、工人技术级别与产品质量之间、工人劳动生产率与产品成本之间、市场商品价格与其需求量之间等，都在一定程度上存在相互依存的关系。所有这些依存关系，都可通过统计分组分析出影响因素与结果因素之间的变动规律。

如表 3－4 所示，不难得出商店的销售额越高其流通费用率相对越低。说明随着商品销售规模的扩大流通费用率降低(负依存关系)。

表 3－4　　商品销售额与流通费用率的关系

按销售额分组 (万元)	商店数(个)	流通费用率(%)
100 以下	10	9.8
100—300	12	8.7
300—500	11	7.5
500—700	9	6.5

§ 3.2.4 统计分组的方法

统计分组工作一般可以分三步进行：

第一步，选择分组标志；

第二步，确定分组界限；

第三步，根据分组标志和分组界限编制分配数列。

此处首先介绍第一、二步，第三步稍后进行介绍。

1.分组标志的选择

(1)根据统计研究的目的和要求选择最合适的标志

统计分组是为统计研究服务的，统计研究的目的不同，选择的分组标志也应有所不同。

例如，同是以工业部门为研究对象，当研究的目的是分析部门中各种规模的企业的生产情况时，应该选择产品数量或生产能力作为分组标志；当研究目的在于确定工业内部比例及平衡关系时，应该以行业为分组标志，将工业部门划分为重工业与轻工业或冶金、电力、化工、机械、纺织、煤炭等工业行业。

(2)必须选择最重要的标志作为分组依据

社会经济现象纷繁复杂，研究某一问题可能涉及许多标志，科学的统计分组则应从中选择与统计研究的目的、与有关事物的性质或类型关系最密切的标志，即最主要或最本质的标志作为统计分组的依据。

例如，根据统计调查资料，研究人民生活水平变动情况时，可供选择的分组标志有家庭人口数、每户就业人数、每一就业者负担人数、家庭总收入、平均每人月生活费收入等。而其中最能反映人民生活水平变动的标志是平均每人月生活费收入，故应选择这一标志作为分组标志。

(3)要考虑到社会经济现象所处的具体历史条件

客观事物的特点和内部联系随着条件的变化而不同，因此选择分组标志时，要具体情况具体分析，根据事物的不同条件来选择分组标志。

例如，同是划分企业规模，在劳动密集型的行业或地区，可采用职工人数作为分组标志；而在技术密集型的行业或地区，则应选择固定资产价值或生产能力作为分组标志。

2.分组界限的划分(分组标志确定后，分组界限便成为数据分组的重要问题)

(1)按属性分组时，确定各组的界限有两种情况：

①组限是自然形成的或比较明显的。例如，人口按性别、文化程度、党派分组等。

②由于存在属性之间的过渡形式，使分组界限难以确定。这种比较复杂的属性分组，国家有关部门都制定有标准的分类目录，分组时可以依据分类目录来确定组限。例如，人口按职业分组，企业按行业分组，产品按经济用途分组等。

(2)按变量分组时，应注意以下两点：

①分组时各组数量界限的确定必须能反映事物的质的差别。

例如，学生学习成绩分组，不能把55分和65分合为一组，因为这样的分组未区分及格与不及格的质的差别。

②应根据被研究的现象总体的数量特征，采用适当的分组形式，确定相宜的组距、组限和组数。

§3.2.5 统计分组的类型

1.按分组标志的性质，分为属性分组和变量分组

(1)属性分组：是按品质标志进行的分组，即按事物的某种属性分组。如企业按经济类型、行业分组；人口按性别、民族分组；大学生按专业分组等。这种分组可以反映总体的构成和不同属性事物在总体中的地位和作用。

如将某企业员工按学历分组，分组结果如表 3—5 所示。

表 3—5　某企业职工学历分组

学历	职工人数(人)
大专以下	30
大专	100
本科	220
研究生以上	50
合计	400

(2)变量分组:是按数量标志进行的分组。如企业按生产能力、劳动生产率分组;商店按商品流转额、职工人数分组;人口按年龄、身高分组等。这种分组的目的在于通过事物在数量上的差异来反映事物在性质上的区别。

如将某班某次英语考试成绩按分数高低分组，分组结果如表 3—6 所示。

表 3—6　某班按英语考试成绩分组

分数(分)	学生人数(人)
60 以下(不含 60)	2
60—70(不含 70)	8
70—80(不含 80)	15
80—90(不含 90)	25
90 以上(含 90)	10
合计	60

2.按分组标志的多少，可分为简单分组、平行分组和复合分组

(1)简单分组:就是对总体只按一个标志进行分组。例如，国民生产总值按产业分为第一、第二、第三产业三组;货运量按运输方式分为铁路运输、公路运输、水陆运输、航空运输与管道运输五组。

如将某班学生仅按性别标志分组，分组结果如表 3—7 所示。

表 3—7　某班级学生按性别分组

性别	学生人数(人)	比重(%)
男	15	30
女	35	70
合计	50	100

(2)平行分组:就是对同一总体采用两个或两个以上的分组标志分别进行的简单分组。

如将某班学生分别按性别标志和科别标志分组，分组结果如表 3－8 所示。

表 3－8　某中学班级学生分别按性别、科别分组

<table>
<tr><th colspan="2">分组标志</th><th>学生人数(人)</th><th>比重(%)</th></tr>
<tr><td rowspan="2">性别</td><td>男</td><td>15</td><td>30</td></tr>
<tr><td>女</td><td>35</td><td>70</td></tr>
<tr><td rowspan="2">科别</td><td>文科</td><td>35</td><td>70</td></tr>
<tr><td>理科</td><td>15</td><td>30</td></tr>
<tr><td colspan="2">合计</td><td>50</td><td>100</td></tr>
</table>

(3)复合分组:就是对总体按两个或两个以上的标志进行的重叠式分组，即在按某一标志分组的基础上再按另一标志进一步分组。

例如，将某中学班级学生先按性别分组，再在此基础上按照所选科别性质在男、女各组中做进一步的分组，结果如表 3－9 所示。

表 3－9　某中学班级学生按性别、科别分组

<table>
<tr><th colspan="2">分组标志</th><th>科别</th><th>学生人数(人)</th><th>比重(%)</th></tr>
<tr><td rowspan="4">性别</td><td rowspan="2">男</td><td>理科</td><td>5</td><td>10</td></tr>
<tr><td>文科</td><td>10</td><td>20</td></tr>
<tr><td rowspan="2">女</td><td>理科</td><td>10</td><td>20</td></tr>
<tr><td>文科</td><td>25</td><td>50</td></tr>
<tr><td colspan="3">合计</td><td>50</td><td>100%</td></tr>
</table>

通过上述复合分组，可以从性别和科别两个不同的角度了解总体内部的差别和关系，能更深入、更全面地掌握总体情况。

复合分组的优点是，从对同一现象的层层分组和分组标志的联系中，更深入全面地研究总体各个方面的内部结构。但是，采用复合分组时，组数会随着分组标志的增加而成倍增加，使每组包括的单位数相应减少，处理不好就会成为烦琐哲学，不利于分析问题。因此，不能滥用复合分组，尤其不宜采用过多的标志进行复合分组，也不宜对较小总体进行复合分组。

一般分组标志不超过 3 个。

平行分组体系的特点是两种或多种分组相互独立而不重叠，既可从不同的方面反映事物的多种结构，又不致使分组过于烦琐，故被广泛采用。

§ 3.3 分布数列

§ 3.3.1 分布数列的概念和种类

1.概念

在统计分组的基础上，将总体所有的单位按某一标志进行归类排列，形成总体单位数在各组间的分布，称为频数分布。分布在各组的单位数称为频数，又称次数。各组频数与总频数之比称为频率。将各组组别与频数依次编排而成的数列称为分布数列。

分布数列即是统计整理结果的一种重要表现形式，也是统计分析的一种重要方法。它表明了总体单位分布的特征和结构状况，为进一步研究总体的构成、计算统计指标提供了方便。

2.次数分布的两个要素

(1)组名:总体按某标志所分的组。

(2)频数(次数)和频率:各组的单位数叫频数，各组的单位数与总体单位总数之比叫频率。

例如，表 3－10 所示该分组按性别分为“男”“女”两组，男性和女性即为各组的频数，男(女)性人数在总人口数的中比率即为频率。

表 3－10　　　　2018 年江西省人口性别情况统计

性别	人口数(万人)	比率(%)
男		
女		
合计		

频率具有如下两个性质：

①各组频率都是界于 0 和 1 之间的一个分数。

②各组频率之和等于 1 。

3.次数分布的种类

(1)品质分布数列:它是经过属性分组后形成的频数分布，其组别表现为一系列的概念或范畴。

例如，表 3－11 所示的是某校学生按性别分组结果。

表 3－11　　　　某校学生按性别分组

性别	学生数(人)	比率(%)
男	2340	55.32
女	1890	44.68
合计	4230	100.00

(2)变量分布数列:它是经过变量分组后形成的分布数列，其组别表现为不同的数值或数域。

例如，表3—12所示的是某居委会家庭按人口数分组结果。

表3—12　　某居委会500户家庭按人口分组

按人口分组(人)	家庭数(个)	比率(%)
1	10	2
2	50	10
3	200	40
4	150	30
5	50	10
5以上	40	8
合计	500	100

变量分布数列按照分组的变量的表现形式又可以分为，单项式变量数列和组距式变量数列。

①单项式变量数列:是以一个变量值为一组编制的变量频数分布。

适用于:离散型变量且变量变动范围不大的场合。例如，表4—12的分类。

思考:如果将全国的人口按年龄分组，采用单项式变量数列，你觉得合适吗?

②组距式变量数列:是以表示一定变动范围的两个变量值构成的组所编制的变量频数分布。就是将变量依次划分为几段区间，一段区间表现为“从……到……”距离，把一段区间内的所有变量值归为一组，形成组距式变量数列。区间的距离就是组距。

适用于:连续型变量或者变动范围较大的离散型变量。

例如，反映居民居住水平情况按人均居住面积分组分为:4平方米以下、4—6平方米、6—8平方米、8平方米以上4组。再如，了解某班学生成绩情况，按成绩进行组距式变量分组。如表3—13所示的分组。

表3—13　　第五次人口普查大陆人口年龄分布

按年龄分组	人数(万人)	比率(%)
0—14岁	28979	22.89
15—64岁	88793	70.15
65岁及65岁以上	8811	6.96
合计	126583	100.00

提示:组距的确定

在具体进行分组时，首先应对标志值的分布情况进行仔细审查，找出变量的最大值和最小值;其次，在分布比较集中的标志值处确定组距的中心位置;最后，根据预定的组距的大小定出上下限。一般地，第一组的下限必须略小于实际变量值的最小值，最后一组的上限必须略大于实际变量值的最大值，并尽可能使各单位的标志值在组内分布比较均匀。

在组距数列的编制和分布中，会涉及以下基本概念：

(1)组限

组限是指各组两端的数值。每一组的最大变量值称为该组的上限，最小变量值称为该组的下限。例如，表 3—13 所示的第一组的上限为 14 岁，下限为 0 岁；最后一组“65 岁及 65 岁以上”则只有下限，没有上限，这种分组称为开口组。

变量有离散变量和连续变量之分，它们在组限表示上也有所不同。离散型变量可以列举，而且相邻两个数值之间没有中间数值，因此，各组的上下限都可以用确定的数值表示，相邻组组限数值可不重叠，表 3—13 所示的各组年龄数值可表示为 0—14 岁、15—64 岁、65 岁及 65 岁以上等。连续型变量与此不同，由于相邻两个数值之间可能有无限多个中间数值，不可能列举，因此相邻组的上限和下限无法用两个确定的数值分别表示。所以在连续变量数列中，上一组的上限同时也是下一组的下限。表 3—6 所示为某班按英语考试成绩分组统计表，表中相邻两组的组限是重叠的，如 70 分是第二组的上限，也是第三组的下限，这时习惯上按照“上限不在内”的原则处理，将分数为 70 的学生归入第三组中。

根据“上限不在内”原则，离散型变量的分组，也普遍采用相邻组上下限重叠的方式来进行分组列示，表 4—13 所示的第五次人口普查大陆人口年龄分布统计表的分组也可以表示为 0—14 岁、14—64 岁等。这样表示不仅比较简明，而且在统计分析中计算组中值时也更加方便。

(2)组距

组距是各组上下限之间的距离，各组最大标志值和最小标志值之差。即：

$$组距=上限-下限$$

组距表示各组指标值变动的范围。

根据各组组距是否相等可以将数列分为等距数列和异距数列。

等距数列是指各组保持相等组距的变量数列。表 3—6 所示的某班按英语考试成绩分组统计表即为等距数列。在标志值变动比较均匀的情况下，可编制等距数列。编制等距数列有很多好处，它便于各组单位数和标志值的直接比较，在进行统计分析时也比较简便。

异距数列是指各组组距不相等的变量数列。当标志值变动很不均匀，如急剧增长或下降、变动较为极端时比较适宜编制异距数列。有时编制异距数列更能反映事物性质变化的数量界限，如表 3—13 所示的第五次人口普查大陆人口年龄分布统计表，是考虑到人口在不同年龄阶段的生理变化特点所进行的分组。

①由于有等距分组与异距分组之分，在后文中将要出现的频数密度的概念，必须具体计算确定每一个组的组距大小。在许多版本的教科书中，笼统地使用如下公式来计算组距的大小，即：

组距＝上限－下限

事实上，这一公式只适用于计算连续组距式分组的组距大小，例如，成绩分组中，60—70 分、70—80 分，其组距为 10 分（＝70－60 或 80－70）。如果将这一公式套用于间断组距式，将会产生谬误。例如，商店规模按职工人数分组，分为 1—5 人、6—10 人、11—15 人等。套用上述公式，得出 5－1（或 10－6，或 15－11）＝4，即组距为 4 人的结论，显然是错误的。

②对于间断式分组的组距大小的计算，必须采用如下公式：

组距＝上组下限－本组下限

③组数

全距是总体中最大的标志值与最小的标志值之差。

组数的多少直接取决于两个因素，一个是总体的全距，另一个是组距。在等距分组的条件下，组数等于全距除以组距。

在组距既定的条件下，全距大则组数多，全距小则组数少；在全距既定的条件下，组距大则组数少，组距小则组数多。全距是客观存在的事实，不以人的意志为转移，所以，确定组数的关键是确定组距。如对学生成绩情况的统计分组中，组数过少，例如，学生成绩分为 2 组，不能很好地达到分组的基本要求；组数过多，例如，成绩分为 100 组，即分组过细，也无法起到化繁为简的作用，难以显示出总体分布的规律。

决定组数的多少，并无规则可言，必须凭借经验和所研究问题的性质作出判断。这里，向大家介绍一种确定组数和组距的经验公式，这一公式是美国学者斯特杰斯（Sturges）创立使用的，称为斯特杰斯经验公式，即 $n=1=3.322\lg N$

则有：$i=\dfrac{R}{n}=\dfrac{R}{1+3.322\lg N}$

公式中，n 为组数，N 为总体单位数，i 为组距，R 为全距，即最大变量值 $Xmax$ 与最小变量值 $Xmin$ 之差。根据这一公式，可以得出表 3－14 的组数参考标准。

表 3－14　　分组组数参考标准

N	15－24	25－44	45－89	90－179	180－359
n	5	6	7	8	9

提示：上述公式及表中数据仅供参考，不能生搬硬套。实际分组时采用组数多少应依据所研究资料的性质而定。

④组中值

组中值指各组中点位置所对应的变量值。其计算公式为：

$$组中值=\frac{上限+下限}{2}$$（适用所有闭口组）

或：　　组中值＝本组下限＋$\frac{相邻组组距}{2}$（适用上开口组：缺上限）

或：　　组中值＝本组下限－$\frac{相邻组组距}{2}$（适用下开口组：缺下限）

使用“××以上”或“××以下”这样不确定组距的组，称为开口组。

例如，反映某工业企业工人生产定额完成情况，按生产定额完成程度分组，具体组限如下：

90％以下　　90％—100％　　100％—110％　　110％以上

开口组的组距是以相邻组的组距为本组的组距。

本例中，90％以下的组，因相邻组的组距为 10％（＝100％－90％），故第一组视为 80％—90％，其组中值为(80％＋90％)/2＝85％，即 85％；110％以上的组距以邻组的组距 10％为本组组距，视为 110－120％，组中值为$\frac{110\%+120\%}{2}=115\%$。

组中值并不是各组标志值的平均数，在组距数列中，组距掩盖了分布在组内各单位的实际变量值，因此需要用组中值来代表该组的一般水平。

§ 3.3.2 变量数列的编制

1.单项式数列的编制（项数不多，变异幅度不大的离散型变量）

(1)将原始资料按变量值大小的顺序排列

(2)按变量值分成若干组

(3)设计整理表，整理出变量值出现的次数

例如，某班级 20 名学生周上网次数情况如下(单位：次)：

3　5　4　2　3　6　1　2　3　3　4　3　2　4　6　3　4　1　2　5

2.组距式数列的编制

(1)排序并计算全距

(2)确定组数与组距

变量值比较均匀：等距数列。

变量值分布不规律：不等距数列。

有特大特小极端数值：第一组、最后一组为开口式。

(3)确定组限

①对于正指标：“上限不在内”

正指标：是指实际值越小表现越好的指标，如销售收入、产量。

②逆指标：“下限不在内”

逆指标：是指实际值越大表现越好的指标，如单位成本、原材料耗用率。

③对于离散型变量分组：间断分组（组限不相连）

例如，儿童按年龄分组分为未满1岁、1—2岁、3—4岁、5—9岁、10—14岁。

④连续型变量分组:重叠分组（组限重叠）

例如，工人按工时定额完成程度分组分为90%—100%、100%—110%、110%—120%等组。

(4)计算次数，编制次数分布表

例如，根据抽样调查，某月某市50户居民购买消费品支出资料如下(单位:元)：

830 880 1230 1100 1180 1580 1210 1460 1170 1080 1050 1100 1070
1370 1200 1630 1250 1360 1270 1420 1180 1030 870 1150 1410 1170
1230 1260 1380 1510 1010 860 810 1130 1140 1190 1260 1350 930
1420 1080 1010 1050 1250 1160 1320 1380 1310 1270 1250

对上述资料采用等距分组，分为8组，组距为100，以800为第一组下限。经过整理，得出计算结果如表3—15所示。

表3—15 某市50户居民某月购买消费品支出情况 单位:元

按户月消费品支出额分组(x_i)	频数(f_i)	频率
800—900	5	0.10
900—1000	1	0.02
1000—1100	8	0.16
1100—1200	11	0.22
1200—1300	11	0.22
1300—1400	7	0.14
1400—1500	4	0.08
1500以上	3	0.06
合计	50	1.00

通过对总体各单位分组而形成变量数列，显示了各单位标志值在各组间的分布状况，从而使杂乱无章的原始数据显示出一定的规律性。从上表可以看出，月消费品支出额在1000—1300元的居民户占全部户数的60%，而低支出和高支出居民户所占比重较小，呈现出一种近似“两头小，中间大”的钟形分布特征。

3.累次频数和累次频率

对于顺序数据和数值型数据，为了研究数列的次数分配状况，统计工作中还常计算累计次数和累计频率，它表明总体在某一定量值之上或之下共包含的单位个数及占总体单位总数的比重。累计次数和累计频率分为向上累计和向下累计。

(1)向上累计:先列出各组的上限，然后由标志值低的组向标志值高的组依次累计，表明该组上限以下的各组单位数之和或比率。

(2)向下累计:先列出各组的下限，然后由标志值高的组向标志值低的组依次累计，表明该组下限以上的各组单位数之和或比率。

例如，现以上述 50 户居民某月购买消费品支出额的资料为例，分别进行向上累计和向下累计，结果如表 3－16 所示。

表 3－16　　某市 50 户居民某月购买消费品支出情况

按户月消费品支出额分组(x_i)	频数(f_i)	频率	向上累计		向下累计	
			户数	比重(%)	户数	比重(%)
800—900	5	0.10	5	10	50	100
900—1000	1	0.02	6	12	45	90
1000—1100	8	0.16	14	28	44	88
1100—1200	11	0.22	25	50	36	72
1200—1300	11	0.22	36	72	25	50
1300—1400	7	0.14	43	86	14	28
1400—1500	4	0.08	47	94	7	14
1500 以上	3	0.06	50	100	3	6
合 计	50	1.00				

由上表可以看出：

向下累计来看:居民月消费品支出额在 1000 元以下的有 6 人，占总数的 12%;月消费品支出额在 1200 元以下的有 25 人，占总数的 50%，以此类推。

向上累计来看:居民月消费品支出额在 1200 元以上的有 25 人，占总数的 50%;月消费品支出额在 1200 元以上的有 44 人，占总数的 88%，以此类推。

注:累计频数(频率)分布具有如下两个特点：

①第一组的累计频数(频率)等于第一组本身的频数(频率)；

②最后一组累计频数等于总体单位数，最后一组的累计频率等于 1。

§ 3.3.3 次数分布的类型

各种不同性质的客观现象有着各自不同的次数分布特征，概括起来主要有 3 种类型:钟形分布、“U”形分布和“J”形分布。

1.钟形分布

钟形分布的特征是中间高、两头低，这类总体单位的分布是以平均值为中心的。越接近中心，分布的次数越多;离中心越远，分布的次数越少。其分布曲线就像一口古钟，故称之为钟形分布。钟形分布又可细分为正态分布和偏态分布。

(1)正态分布。钟形分布中的对称分布也称为正态分布，如图 3—3 所示。许多现象的分配数列的分布属于钟形分布，如学生的学习成绩、工人的生产产量、人的身高等。据《华尔街日报》报道，美国人甚至在购物商场停车都呈现出正态分布的地方停车数量最多，也就是正态曲线的"峰值"，在入口左右两侧的停车数量逐渐变少即曲线两端下滑的"尾巴"。所以，当你来到一家陌生的商场，要想尽快找到出入口，比较简洁的方法就是去车多的地方看看。

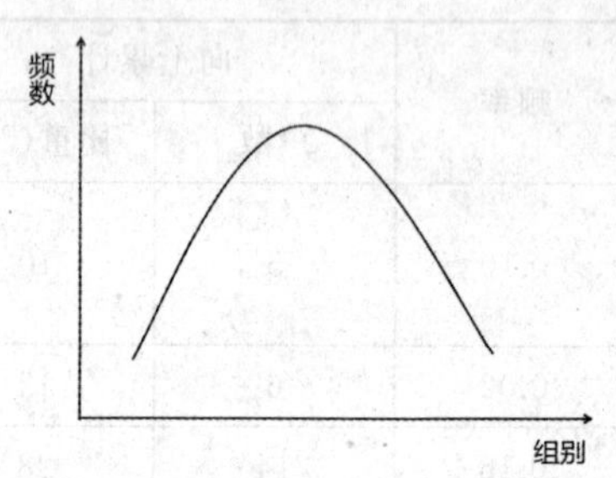

图 3—3 正态分布图

(2)偏态分布。偏态分布曲线也是中间高、两侧低，但左右不对称，有一侧呈尾巴状。根据长尾拖向左方或右方，分为左偏分布和右偏分布，如图 3—4 和图 3—5 所示。

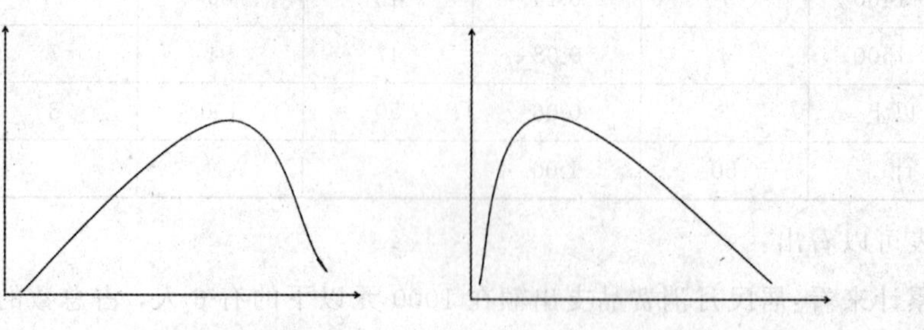

图 3—4 偏态分布图(左偏)　　图 3—5 偏态分布图(右偏)

如保健品消费的年龄分布通常呈左偏分布(如图 3—4 所示)，这些产品的消费者以中老年人为主，年轻人由于购买力的限制，加上保健意识不强，人数较少；社会人均收入分布通常呈右偏分布(如图 3—5 所示)，即低收入段的人数较多，高收入段的人数较少，收入水平差距较大。

2."U"形分布

"U"形分布的特征与钟形分布恰好相反，其特点是靠近中间的变量值分布次数较少，形成两头大、中间小的状态，如图 3—6 所示。

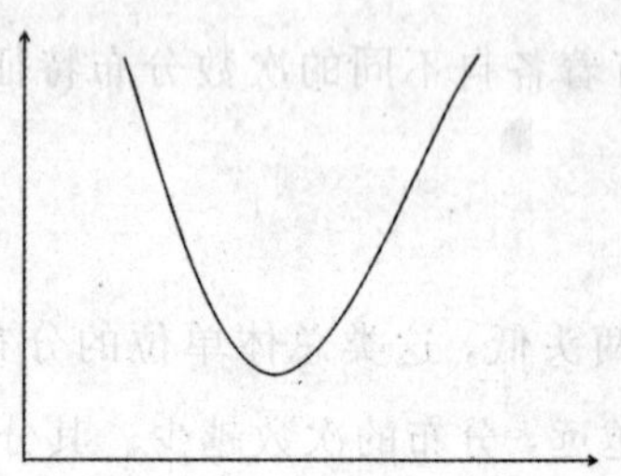

图 3—6 "U"形分布图

例如，人口死亡现象按年龄分布便是典型的 U 形分布，在正常情况下的人口总体中，婴幼儿和老年人死亡率相对较高，而中青年人死亡率较低。

3.“J”形分布

“J”形分布的特征是一边小一边大的单边分布，绘制成曲线图形如英文字母“J”，故称为“J”形分布。“J”形分布有正“J”形分布和反 J 形分布之分。

正“J”形分布的特点是次数随着变量值的增大而增多，如图 3－7 所示。例如，通常某种产品的供给量会随着价格上升而增大，供应量在价格上的次数分布即表现为正“J”形分布。

反“J”形分布的特点是次数随着变量值的增大而减少，如图 3－8 所示。例如，通常某种产品的消费量会随着价格上升而减少，消费量在价格上的次数分布即表现为反“J”形分布。

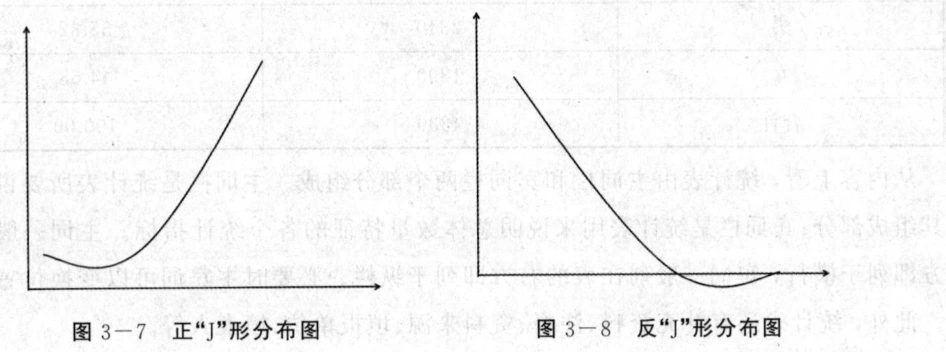

图 3－7　正“J”形分布图　　图 3－8　反“J”形分布图

§ 3.4 统计表和统计图

§ 3.4.1 统计表的概念和作用

1.统计表的概念

统计调查所得来的原始资料，经过整理，得到说明社会经济现象及其发展过程的数据。把这些数据按一定顺序排列在表格上，就形成了统计表。

2.统计表的作用

统计表在实际工作中运用很广泛，其主要作用是：

(1)统计表能清晰地表述统计资料的内容，使其条理化。

(2)用统计表格表述统计资料，简明易懂。

(3)用统计表反映各指标之间的关系，有利于统计的计算和分析。

(4)运用统计表反映数字资料，易于检查和改正错误。

§ 3.4.2 统计表的构成及种类

1.统计表的结构

统计表的结构，可以从表式(表的形式)和内容两个方面来认识。

从表式上看，统计表由4部分构成，如表3—17所示。

(1)总标题:是统计表的名称，它扼要地说明该表的基本内容、指标时间和范围，置于统计表格的正上方。

(2)横行标题:横行标题是横行的名称，一般放在表格的左方，用以列示总体或各组的名称。

(3)纵栏标题:纵栏标题是纵栏的名称，一般放在表格的右上方，用以说明总体或各组的各项数字资料的名称。

(4)指标数值:指标数值列在横行和纵栏的交叉处，用来说明总体及其组成部分的数量特征。

表3—17 某校学生按性别分组

性别	学生数(人)	比率(%)
男	2340	55.32
女	1890	44.68
合计	4230	100.00

从内容上看，统计表由主词栏和宾词栏两个部分组成。主词栏是统计表所要说明的总体及其组成部分;宾词栏是统计表用来说明总体数量特征的各个统计指标。主词一般放在表的左方即列于横行，宾词一般列在表的右方即列于纵栏。必要时主宾词可以变换位置或合并排列。此外，统计表还有补充资料、注释、资料来源、填报单位、填表人等。

2.统计表的种类

统计表按主词是否分组和分组程度分为简单表、分组表和复合表。

(1)简单表

简单表是主词未经任何分组，仅列出总体各单位数的名称或按时间先后顺序简单排列的统计表，如表3—18、表3—19所示。

表3—18 我国各项税收收入情况 单位:亿元;%

年份	2000	2001	2001比2000增长
增值税	4553.17	5357.13	17.66
营业税	1868.78	2064.09	10.45
消费税	858.29	929.99	8.35

表3—19 我国国内生产总值 单位:亿元

年份	生产总值	年份	生产总值
2011	489300.6	2015	689052.1
2012	540367.4	2016	744127.2
2013	595244.4	2017	827122.0
2014	643974.0	2018	

简单表应用很普遍，但反映问题比较粗略，难以深入说明问题。

(2)分组表

分组表是指主词只按一个标志进行分组形成的统计表，也称简单分组表，如表 3－20 所示。

表 3－20　　2018 年城乡居民家庭人均收入及恩格尔系数

按城乡分组	人均纯收入(元)	恩格尔系数(%)
农村	2366.4	47.7
城镇	6	37.9

分组表可以较为深入地分析现象本质及其发展规律。

(3)复合表

复合表是指主词按两个或两个以上标志进行层叠分组而形成的统计表，也称复合分组表，如表 3－21 所示。

表 3－21　　某学院各专业学生性别构成

按专业和性别分组	学生人数(人)	比重(%)
会计专业	500	62.5
男生	150	18.75
女生	350	43.75
金融专业	200	25
男生	150	18.75
女生	50	6.25
工商管理	100	12.5
男生	50	6.25
女生	50	6.25
合计	800	12.5

§3.4.3 统计表的设计

要使统计表既能正确地反映社会经济现象和过程的数量特征，又能使人们易于了解其内容，得出明确的结论，在设计统计表式时，应该遵循简练、明确、科学、实用、美观、便于比较的原则。与此同时，还应注意以下几项技术原则。

1.统计表式设计应注意的事项

(1)统计表应设计成由纵横交叉线条组成的长方形表格，长与宽之间保持适当的比例。

(2)线条的绘制。表的上下端应以粗线绘制，表内纵横线以细线绘制。表格的左右两端一般不画线，采用“开口式”。

(3)合计栏的设置。统计表各纵列若需要合计，一般应将合计列在最后一行;各横行若需要合计，可将合计列在最前一栏或最后一栏。

栏数的编号。如果栏数较多，应当按顺序编号，习惯上主词栏部分分别以“甲、乙、丙、丁……”为序号，宾词栏以(1)、(2)、(3)、(4)……为序号。

2.统计表内容设计应注意的事项

(1)标题设计。统计表的总标题、横行、纵栏标题应简明扼要，以简练而又准确的文字表述统计资料的内容、资料所属的空间和时间范围。

(2)指标数值。表中数字应该填写整齐，对准位数。当数字因小可略而不计时，可写上“0”;当缺某项数字资料时，可用符号“……”表示;不应有数字时可用符号“—”表示。

(3)计量单位。统计表必须注明数字资料的计量单位。当全表只有一种计量单位时，可以把它写在表头的右上方。如果表中各栏的指标数值计量单位不同，可在横行标题后添一列计量单位。

(4)注解或资料来源。为保证统计资料的科学性与严肃性，在统计表下应注明资料来源，以便查考。必要时，在统计表下应加注解或说明。

§3.4.4 统计表的编制方法和步骤

1.用 WPS 软件编制统计表的方法和步骤

(1)新建一个 WPS 文档，在第一行输入统计表的表头内容，然后光标选定表头内容从“开始”菜单中选择“居中”按钮，并在第二行输入统一的计量单位，点击“右对齐”按钮。

(2)将光标移动至第三行，从“插入”菜单中，点击“表格”按钮，弹出“插入表格”对话框，输入所需要的列数与行数后，点击“确认”按钮。

(3)在空白的表格里，输入纵栏标题、横行标题和各项数字资料，然后选定表格里所有的内容，从“开始”菜单中选择“居中”按钮。

(4)打开“表格工具”菜单下方的“布局”选项，点击“橡皮擦”按钮，擦掉表格左右两侧边框，这样表的左右两侧不封口。然后用较粗的上基线和下基线画出表格的上下边框，最后完成保存。

具体操作过程如下:

①新建一个 WPS 文档，在第一行输入统计表的表头内容:“四平家电(广场店)2019 年上半年销售额统计表”，然后光标选定表头内容，从“开始”菜单中选择“居中”按钮。在第二行输入“单位:万元”，点击“右对齐”按钮，如图 3－9 所示。

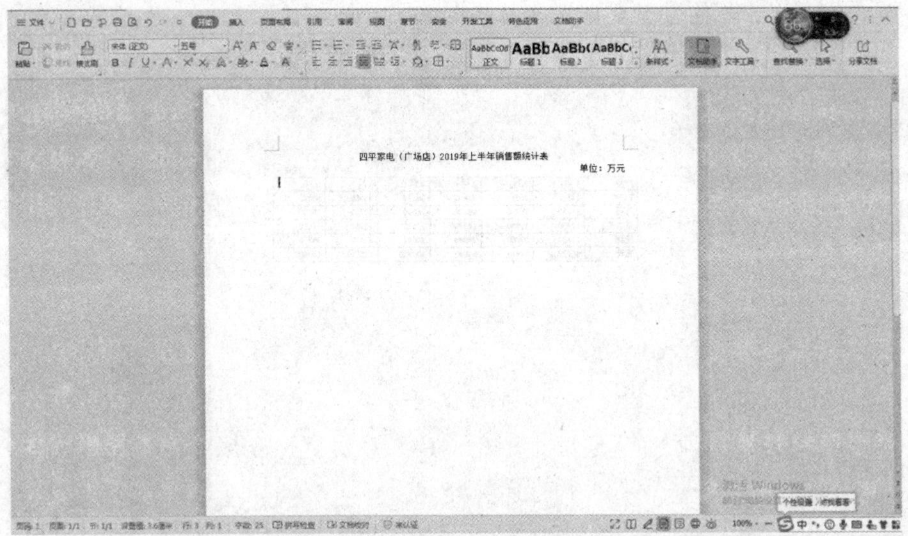

图 3－9　表头制作

②将光标移动至第三行，在"插入"菜单中点击"表格"按钮，弹出"插入表格"窗口，输入列数"7"与行数"6"后，点击"确认"按钮，如图 3－10 所示。

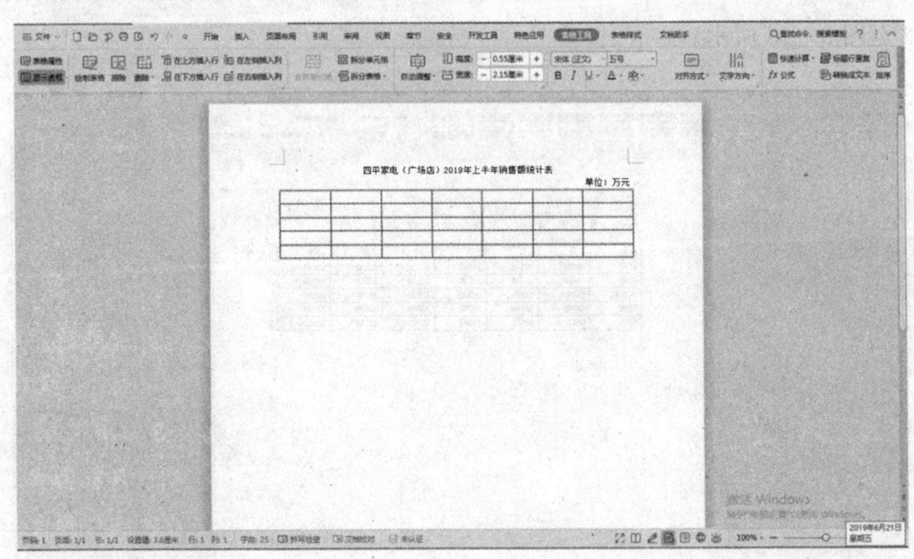

图 3－10　插入表格、设置表格行列

③在空白的表格里，输入纵栏标题、横行标题和各项数字资料，然后选定表格里所有的内容，从"开始"菜单栏中选择"居中"按钮，如图 3－11 所示。

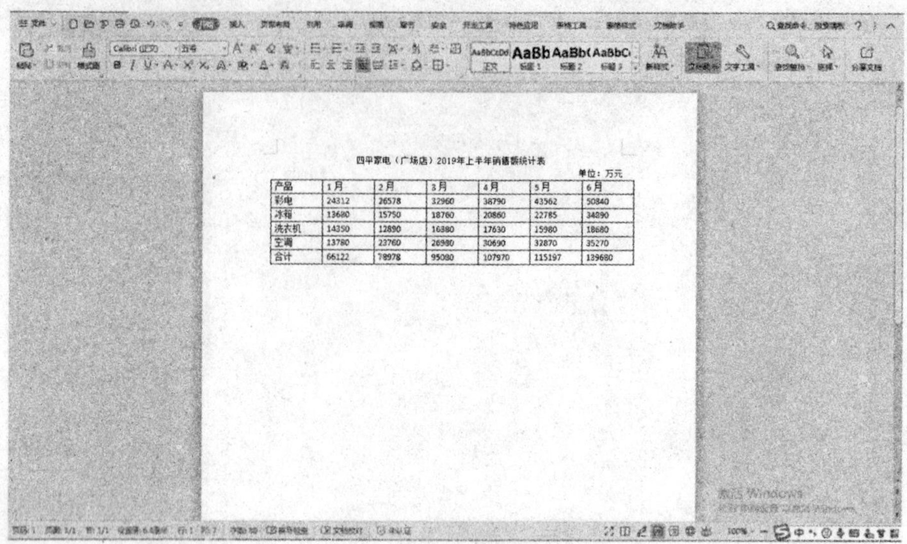
四平家电（广场店）2019年上半年销售额统计表

单位：万元

产品	1月	2月	3月	4月	5月	6月
彩电	24312	26578	32960	38790	43562	50840
冰箱	13680	15750	18760	20860	22785	34890
洗衣机	14350	12890	16380	17630	15980	18680
空调	13780	23760	26980	30690	32870	35270
合计	66122	78978	95080	107970	115197	139680

图 3—11　输入表格内容

④选中表格，点击右上角的“表格样式”，打开“表格样式”菜单下方的“边框”选项，删去表格左右两侧边框，然后用较粗的上基线和下基线画出表格的上下边框，最后完成保存，如图 3—12 至图 3—15 所示。

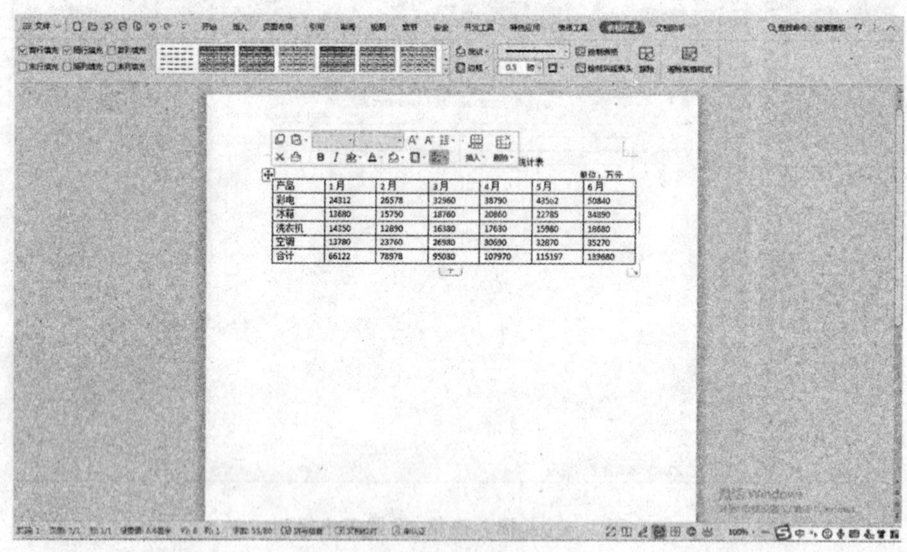
统计表

单位：万元

产品	1月	2月	3月	4月	5月	6月
彩电	24312	26578	32960	38790	43562	50840
冰箱	13680	15750	18760	20860	22785	34890
洗衣机	14350	12890	16380	17630	15980	18680
空调	13780	23760	26980	30690	32870	35270
合计	66122	78978	95080	107970	115197	139680

图 3—12

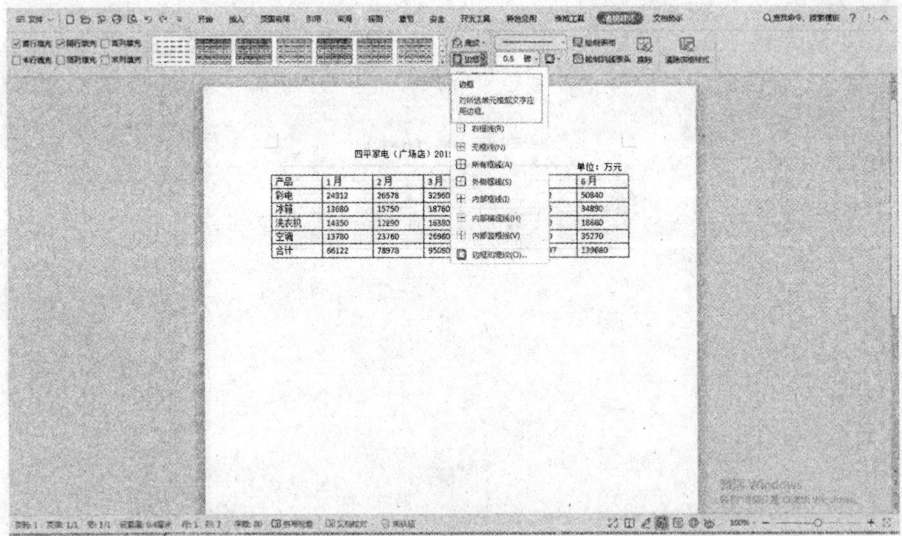

图 3—13

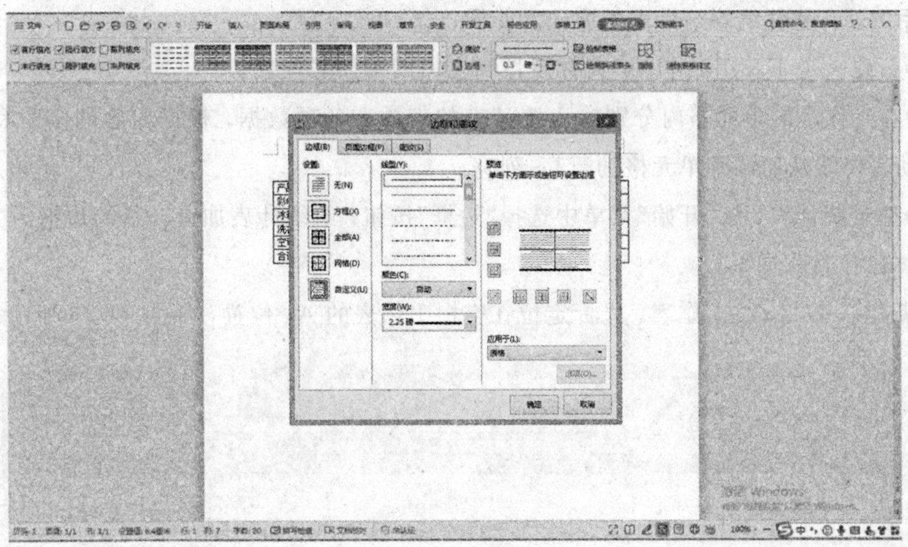

图 3—14

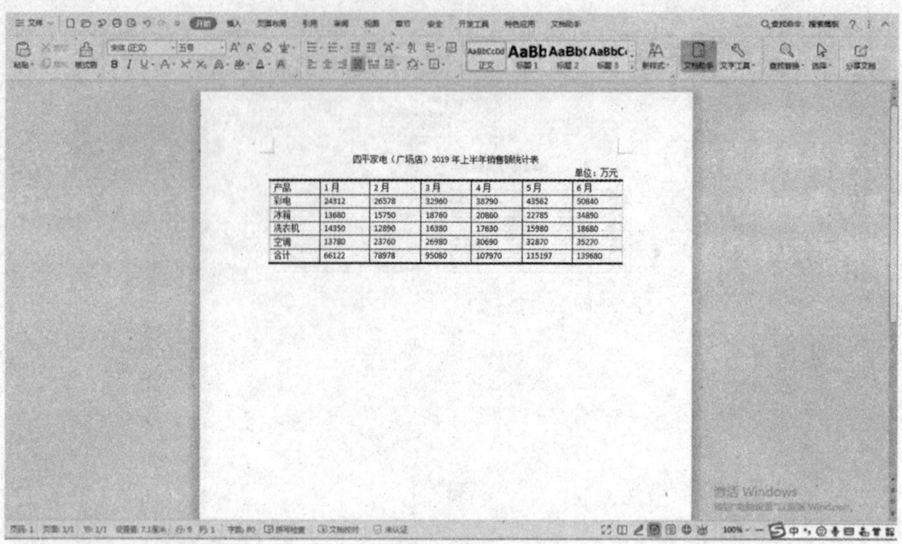

四平家电（广场店）2019 年上半年销售额统计表

单位：万元

产品	1月	2月	3月	4月	5月	6月
彩电	24312	26578	32960	38790	43562	50840
冰箱	13680	15750	18760	20860	22785	34890
洗衣机	14350	12890	16380	17630	15980	18680
空调	13780	23760	26980	30690	32870	35270
合计	66122	78978	95080	107970	115197	139680

图 3－15

2.用 Excel 软件编制统计表的方法和步骤

(1)新建一个 Excel 工作表，光标定位在空白的工作表位置。

(2)在工作表的单元格内分别输入统计表的表头和各项数据，根据内容的多少和字的大小，拉动表格线从而调整单元格的行高、列宽。

(3)选定统计表，从“开始”菜单中选择“边框”按钮，给统计表加上合适的边框。

具体操作过程如下：

①新建一个 Excel 工作表，光标定位在空白工作表的 A1 位置，如图 3－16 所示。

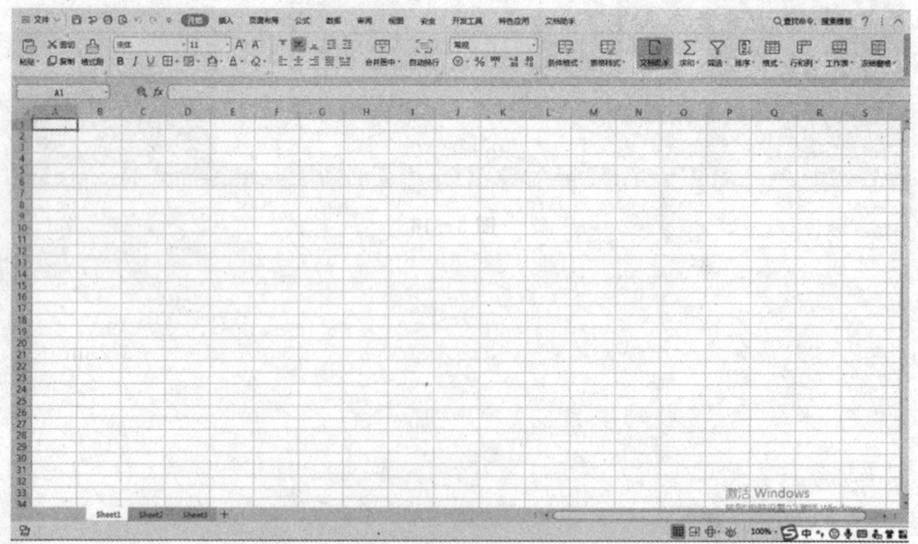

图 3－16

②在工作表的 A1 表格单元内输入统计表的表头内容:“四平家电(广场店)2019 年上半年销售额统计表”，然后选定 A1:G1 单元格，点击“开始”菜单栏中“合并后居中”按钮，如图 3—17 所示。

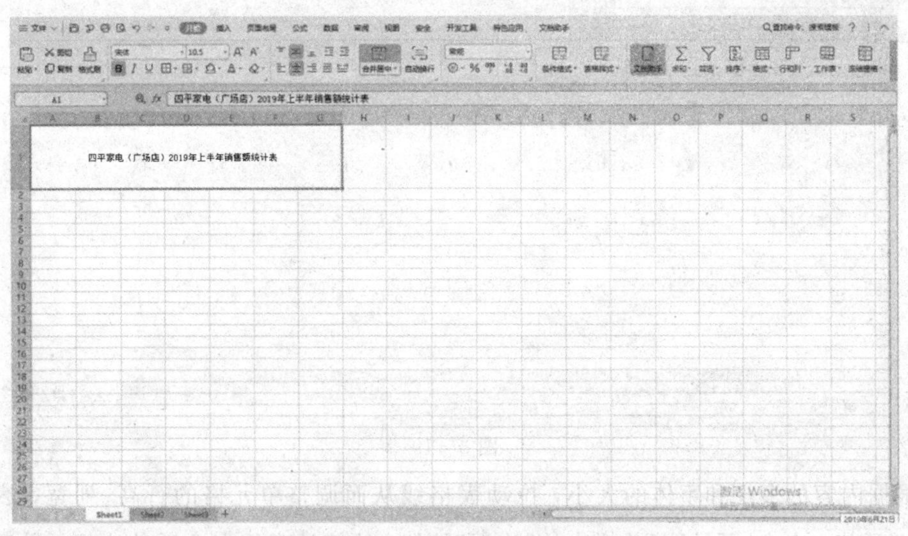

图 3—17

③在工作表的 A2 单元格内输入“单位:万元”，然后选定 A2:G2 单元格，点击“开始”菜单栏中的“合并后居中”按钮，再点击“右对齐”按钮，如图 3—18 所示。

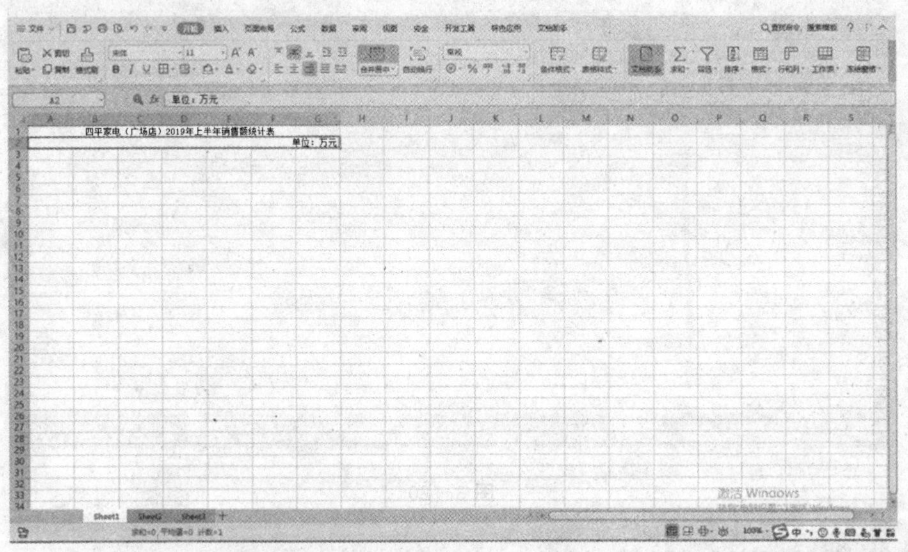

图 3—18

④在工作表的 A3:G7 单元格里，输入纵栏标题、横行标题和各项数字资料，合计栏 B8:G8 单元格数据可点击“开始”菜单栏中“∑自动求和”按钮算出，然后选定所有单元格里的内容，点击“开始”菜单栏中“居中”按钮，如图 3—19 所示。

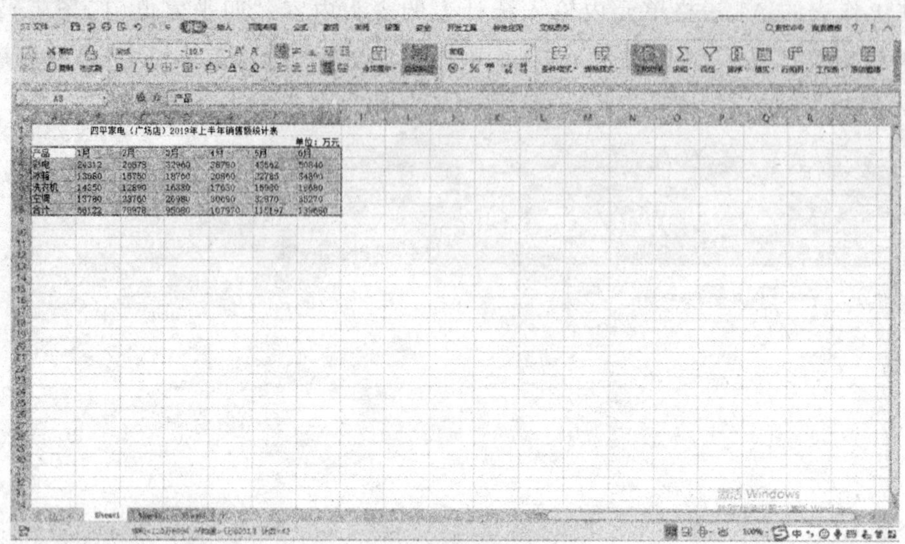
四平家电（广场店）2019年上半年销售额统计表

单位：万元

产品	1月	2月	3月	4月	5月	6月
彩电	24312	26578	32960	38790	43562	50840
冰箱	13960	15750	18760	20860	22785	34890
洗衣机	14350	12890	16380	17630	15980	18680
空调	13780	23760	26980	30690	32870	35270
合计	66122	78978	95080	107970	115197	139680

图 3－19

⑤根据内容的多少和字体的大小，拉动表格线从而调整单元格的行高、列宽，然后选定A3:G8 单元格，点击“开始”菜单栏中的“边框”按钮，给统计表加上合适的边框，最后完成保存，如图 3－20 所示。

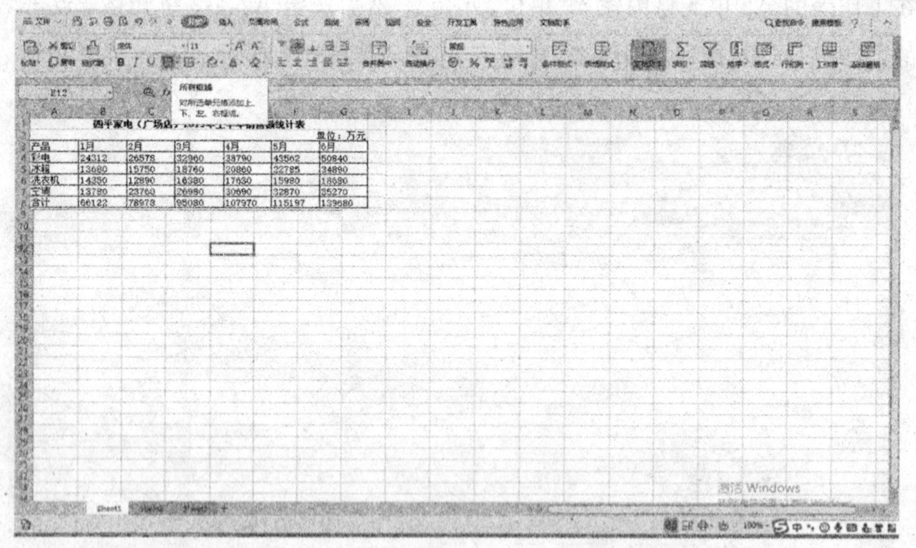

四平家电（广场店）2019年上半年销售额统计表

单位：万元

产品	1月	2月	3月	4月	5月	6月
彩电	24312	26578	32960	38790	43562	50840
冰箱	13680	15750	18760	20860	22785	34890
洗衣机	14350	12890	16380	17630	15980	18690
空调	13780	23760	26980	30690	32870	35270
合计	66122	78978	95080	107970	115197	139680

图 3－20

§ 3.4.5 统计图

统计图是在统计表的基础上，用几何图形或具体形象来表述统计资料的一种表达方式。它可以简洁直观地表示统计表中枯燥的数据，帮助我们从众多的数据中发现规律，可以更迅速、更有效地传递信息，给人以明确而深刻的形象。所以，统计图是进行宣传教育的有效途径，也是进行统计分析、加强经营管理的一种重要手段。

现为上述的“四平家电(广场店)2019 年上半年销售额”绘制统计图，如图 3－21 所示。

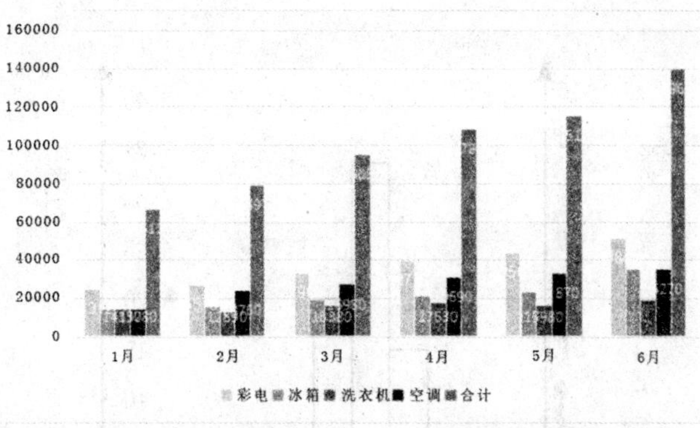

图 3－21　四平家电(广场店)2019 年上半年销售额

1.统计图的结构

(1)标题

统计图的标题一般包括图表标题和数值轴(x、y)标题。

(2)坐标轴和网格线

坐标轴和网格线构造了绘图区的骨架，借助坐标轴和网格线，我们可以更容易地读懂统计图。

(3)绘图区

统计表的所有内容都在绘图区内，统计图绘制在绘图区内。

(4)图例

图例用来标明图表中的数据系列。如图 3－21 所示，我们用不同颜色的柱体来区分不同的数据系列，这些需要在图例中进行说明。

2.统计图的种类

统计图的种类很多，常用的有用于辅助统计分析的直方图、趋势图、散点图;有擅长直观表现数据的柱形图、饼图、圆环图等。我们可以根据自己的需求决定采用哪种图形来表现数据。

常用的统计图有条形图、折线图和曲线图三种。

(1)条形图

条形图是用条形的宽度和高度来表示次数分布的图形。因为变量数列有等距数列和异距数列之分，所以绘图方法也有差别。若数列为等距数列，则条形图的横轴表示各组组距，且各条形的底宽相等;纵轴表示次数(在左边)或频率(在右边)，各组次数的多少代表着条形的高度。根据表 3－6 第(1)、(2)栏的资料所绘制的条形图如图 3－22 所示。

如果是异距数列，图形的画法就要复杂一些。因为在异距数列条件下，各组次数的分布不仅受变量值大小的影响，而且受各组组距大小的影响，如果不对其进行加工，所绘图形就不能准确地反映次数分布的特征，也不能反映次数分布的意义和作用。

绘制异距数列条形图，通常是依据原数列计算次数密度来进行的。该图仍以横轴表示各组组距，纵轴却是次数密度，次数密度是各组次数与相应组距的比值。异距数列条形图（略）。

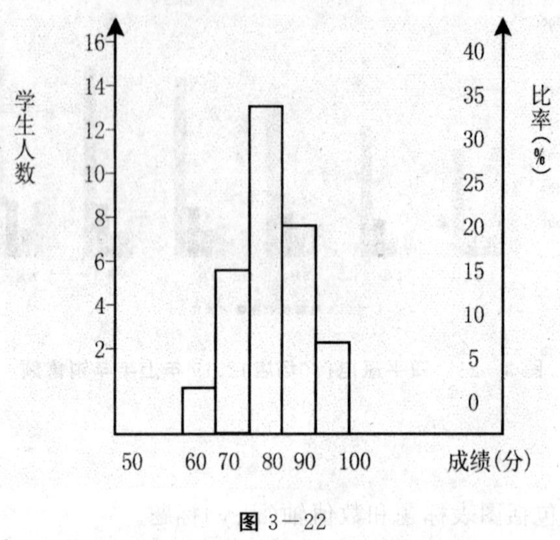

图 3－22

(2)折线图

折线图是在条形图的基础上绘制的，即在每个条形顶端中点处绘点，然后将各点用折线连接而成。根据表 3－6 第(1)栏的资料绘制的折线图如图 3－23 所示。折线图还可以表示累计次数的分布，向上累计和向下累计在具体绘制时方法有所不同。绘制向上累计次数分布折线图时，是以各组上限为横坐标；绘制向下累计次数分布折线图时，是以各组下限为横坐标，这两种图均以累计次数为纵坐标。现根据表 3－6 第(3)、(5)栏的累计资料绘制向上、向下累计次数分布折线图，如图 3－24 所示。

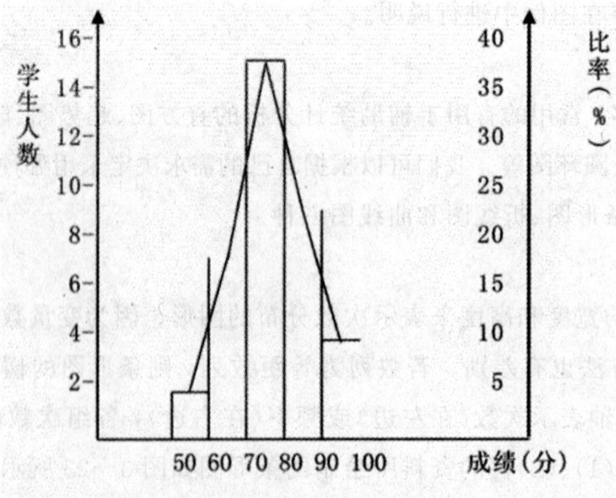

图 3－23

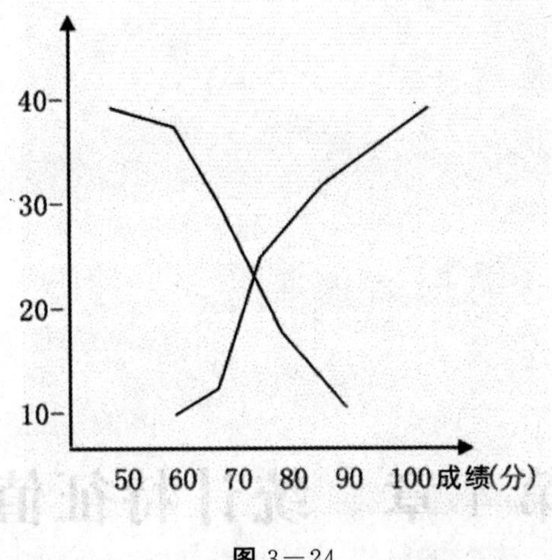

图 3－24

(3)曲线图

当变量值非常多，变量数列的组数无限增加时，折线便近似地表现为一条平滑的曲线。曲线图是组数趋于无限多时折线图的极限描绘，实质上是一个变量值对应一个次数，是一种理论曲线。次数分布曲线图通过曲线的升降起伏，显著地反映现象总体的分布特征和规律性。曲线图的绘制方法与折线图相同，只不过连接线是平滑的曲线，而不是折线。

第 4 章　统计特征值

主要内容

1.总量指标的概念。

2.相对指标的概念及计算。

3.算术平均数的概念及计算方法。

4.平均指标的意义和种类。

5.几何平均数、中位数、众数的概念。

6.算术平均数、中位数、众数的关系。

7.标志变异指标的意义和作用。

8.方差和标准差的概念。

★ 知识目标

1.理解总量指标的概念与作用，掌握时期指标与时点指标的区别。

2.了解相对指标的概念、作用、表现形式，掌握计划完成程度相对指标的计算方法。

3.理解平均指标的概念与作用，掌握加权算术平均数的计算方法，了解其他平均指标的计算方法及适用范围。

4.理解标志变异指标的作用，掌握标志变异指标的计算方法与适用范围。

★ 技能目标

1.能够运用总量指标和相对指标分析数据的基本规律，培养应用总量指标和相对指标解决社会经济统计实践中实际问题的能力。

2.能够运用平均指标分析描述社会经济现象数量方面的集中趋势，运用标志变异指标分析描述社会经济现象数量方面的离中趋势，同时应用标志变异指标衡量平均指标的代表性大小。

2018 年全国规模以上企业就业人员年平均工资为 68380 元，比上年增长 11.0%。其中，中层及以上管理人员为 145125 元，增长 10.0%；专业技术人员为 96703 元，增长 16.3%；办事人员和有关人员为 63755 元，增长 9.5%；社会生产服务和生活服务人员为 54945 元，增长 11.0%；生产制造及有关人员为 55148 元，增长 8.8%。中层及以上管理人员平均工资最高，是全部就业人员平均水平的 2.12 倍；社会生产服务和生活服务人员平均工资最低，是全部就业人员平均水平的 80%。岗位平均工资最高与最低之比为 2.64，比上年缩小 0.03。

分四大区域看，五类岗位平均工资最高的区域均为东部，平均工资分别为中层及以上管理人员 168503 元、专业技术人员 109651 元、办事人员和有关人员 71556 元、社会生产服务和生活服务人员 60447 元、生产制造及有关人员 57202 元。五类岗位平均工资最低的区域均为中部，分别为 104652 元、72660 元、50708 元、44959 元和 50466 元。五类岗位平均工资在四大区域内最高与最低之比分别为 1.61、1.51、1.41、1.34 以及 1.13。

（资料来源：国家统计局）

◇案例分析与讨论：

你知道引导案例中“平均工资”是怎么计算出来的吗？计算平均工资有什么实际意义？平均工资与各大区域的经济发展水平有什么关系？

§4.1 总量指标

§4.1.1 总量指标的概念与作用

总量指标是反映社会经济现象在一定时间、空间条件下的总规模或总水平的统计指标。它的表现形式是有一定计量单位的绝对数。例如，根据我国第六次全国人口普查的调查数据，我国 2018 年年末全国总人口达 139538 万人，其中，男性人口数 71351 万，女性人口数 68187 万，这些都是总量指标。反映我国 2018 年年末人口的总规模以及性别结构中各自的总水平，很明显男性人口数高于女性人口数。再如，一个国家或地区的土地面积、国内生产总值，一个企业的产量、销售额以及利润总额等，均是总量指标。

作为最基本的统计指标，总量指标的应用十分广泛，在统计分析和研究中起着非常重要的作用。

1.总量指标是认识社会经济现象总体的起点

社会经济现象总体的基本情况和特征，首先表现为总量。例如，要了解一个企业的基本情况，就要从资产总额、利润总额、员工总数等总量指标入手。

2.总量指标是编制计划、实行经营管理的主要依据

在编制计划时应该从实际情况出发，而不是靠主观臆断;经营管理更要建立在充分和科学的依据之上，如果单凭脑袋一热就下结论，作出的决策只能是盲目和不理性的。这里的实际情况和科学的依据就是总量指标，国民经济计划、企业经营管理的基本指标，通常都是以总量指标的形式规定和展示的。

3.总量指标是计算相对指标和平均指标的基础

相对指标和平均指标是总量指标的派生指标，它们大多是由两个有联系的总量指标对比计算出来的。因此，总量指标计算的正确与否，直接关系到相对指标和平均指标的正确性。

§4.1.2 总量指标的特点

总量指标具有如下两个特点：

(1)总量指标的计算仅限于有限总体。总量指标是反映总体总规模、总水平的指标，因此只有有限总体才能计算总量指标。

(2)总量指标数值的大小受研究范围大小的影响。研究范围越大，总量指标的值就越大;反之，总量指标的值就越小。

§4.1.3 总量指标的种类

1.按其反映的内容不同，分为总体单位总量和总体标志总量

总体单位总量是指一个总体包含的总体单位的个数之和，说明总体本身规模的大小。例如，研究某企业职工的工资水平，总体是全部职工，总体单位是每一个职工，总体单位总量就是职工总人数。再如，研究某高校某届学生的就业情况，该届学生的总人数就是总体单位总量指标。

总体标志总量是总体各单位某一数量标志的标志值之和。例如，研究某企业职工的工资水平，总体是全部职工，总体单位是每一个职工，每一个职工的工资水平是数量标志，所有职工的工资总额是每一个职工的工资汇总求和得到的，它就是总体标志总量。再如，总产值、销售总额等也都是总体标志总量指标。

2.按其反映的时间状态不同，分为时期指标和时点指标

时期指标是反映某种社会经济现象在一段时期内发展变化结果的总量指标。例如，我国2018年国内生产总值(GDP)为900309.5亿元，各项税收收入总额为156400.52亿元，这些指标反映了我国2018年这一年内经济、税收的总量，都是时期指标。

时点指标是反映社会经济现象在某一特定时间点上的总量指标。例如，我国第六次全国人口普查的调查数据显示，我国2010年年底全国总人口为133972万人，这个人口数准确的表达是，2010年11月1日0点0分我国的总人口数为133972万。这个数字反映的是2010年11月1日0点0分这一特定时间点上的人口总数，所以人口数是时点指标。再如，外汇储备总额、商品库存量等均是时点指标。

时期指标和时点指标主要有以下三点区别：

(1)是否具有可加性

时期指标的数值具有可加性，各期数值相加的结果表示更长一段时间内事物发展过程的总量。例如，2018 年我国财政收入总额为 183351.84 亿元，这个指标的数值就是由 2018 年每个月的财政收入相加得到的。

时点指标的数值不具有可加性，因为时点指标的数值相加没有实际意义。例如，将我国第五次人口普查的总人数与第六次人口普查的总人数相加并不能表示 10 年来我国的人口总数，因为大部分人都被重复计算，所以相加毫无意义。再如，企业上个月的月末库存额与企业这个月的月末库存额相加，并不代表当前的库存额，相加毫无意义。

(2)是否可以连续登记取得

时期指标的数值是通过连续登记取得的。例如，2018 年我国社会消费品零售总额为 380986.9 亿元的数值就是通过逐日登记汇总得到的。

而时点指标的数值是在某个时间点上通过一次性计数和登记取得的。例如，我国第六次人口普查的总人口数，是特定时间点上一次性计数取得的；某商业企业某月月底的商品库存额是间隔一定时间，通过一次性计数和登记取得的。

(3)数值大小是否与时期长短有直接关系

时期指标数值的大小与所登记时期长短有直接关系。一般来说，时期越长，指标数值越大；时期越短，指标数值越小。例如，某商场的年销售额必然大于月销售额。

而时点指标数值的大小与所登记时期的长短没有直接关系。例如，某企业的年末商品库存额不一定大于某月的月末商品库存额，因为商品库存额的高低只取决于购、销的数量，而与时间间隔的长短无关。

3.按其计量单位不同，分为实物指标、价值指标和劳动量指标

实物指标是根据事物的自然属性和特点，采用实物单位计量的总量指标。例如，汽车以辆为单位表示，电线以米为单位表示，速度以千米/小时为单位表示等。实物指标可以直接反映现象的具体内容或产品的使用价值，但是对于属性和计量单位不同的实物指标不能直接汇总，而需要以价值指标来反映非同类现象的总规模和总水平。

价值指标是以价值单位反映产品和劳务的总量指标，通常用货币单位来计量。例如，收入、成本、投资额等。价值指标能把不同的实物量换算成货币价值，进而直接加总，能综合反映现象在一定条件下的总规模、总水平，应用非常广泛。

劳动量指标是以劳动时间为计量单位的总量指标。例如，工时、工日等。劳动量指标一般用于企业内部，是企业核算工资薪金支出、考察工作效率的重要依据。

§4.2 相对指标

总量指标只能对社会经济现象总体的总规模和总水平进行分析，要想对调查总体进行深入的分析和了解，就需要对现象的计划完成情况、总体的内部结构、各组成部分的数量关系以及现象的动态变动程度进行多角度对比分析，即必须计算相对指标。

§4.2.1 相对指标的概念与作用

相对指标是两个有联系的总量指标数值的比值，它的表现形式为相对数。相对指标能够揭示总体内部的结构、比例等数量关系，确定相关事物之间的数量联系程度。例如，一个班级中，女生人数占班级总人数的比重是相对指标；男生人数比女生人数，即男女性别比例也是相对指标。

相对指标在统计分析和研究中的应用十分广泛，具有非常重要的作用。

1.相对指标为不能直接对比的现象提供比较基础

相对指标可以使那些利用总量指标不能直接对比的现象，找到比较基础，从而更加准确地分析事物之间的差别程度。例如，不同的企业之间，生产规模不同、生产条件不同、产品产量也不同，利用这些总量指标就无法对企业进行对比，但是净资产收益率、销售利润率等相对指标，就可以将企业之间的绝对差异抽象化，使原来无法对比的指标变为可比，更加准确地分析企业之间的差异程度。

2.相对指标能够表明现象的内部结构和数量对比关系，揭示现象的本质

总量指标能够反映现象总体的总规模和总水平，但是却无法揭示现象内部的结构、各组成部分之间的数量比例关系等，而相对指标可以反映现象内部的结构、比例、速度、强度等关系，弥补总量指标的不足，进而更加深入和充分地揭示现象的本质特征。例如，人口总数只能反映人口总体的总规模大小，无法表明人口总体内部的情况，男女性别比例、人口出生率、死亡率和自然增长率等，相对指标则反映了人口总体中男性、女性的比例关系，人口发展的强度等特征。

§4.2.2 相对指标的表现形式

相对指标的表现形式有两种，一种是无名数，另一种是有名数。

1.无名数

无名数是一种抽象化的数值，多以系数、倍数、成数、百分数、千分数等表示。

(1)系数和倍数是将对比的基数抽象化为1而计算出来的相对数。两个数值进行对比时，如果分子数值与分母数值相差不大，常用系数表示。例如，相关系数、基尼系数；如果分子的数值比分母的数值大很多，则可使用倍数表示。

(2)成数是将对比的基数抽象化为 10 而计算出来的相对数。例如，某公司利润总额较上年增长一成，即增长 10%。

(3)百分数是将对比的基数抽象化为 100 而计算出来的相对数，百分数是计算相对指标时应用最广泛的一种表现形式，通常以符号"%"表示。

经济分析中经常用到"百分点"。百分点是指不同时期以百分数形式表示的相对指标的变动幅度。也就是说，百分点是两个百分数相减的结果。相减的结果为+1%，则称提高了 1 个百分点；相减的结果为−1%，就表示降低了 1 个百分点。例如，2019 年 1—5 月，全国共完成固定资产投资(不含农户)217555 亿元，同比增长 5.6%，增速比 1—4 月回落 0.5 个百分点。

(4)千分数是将对比的基数抽象为 1000 而计算出来的相对数，通常以符号"‰"表示。一般用于对比的分子数值比分母数值小很多时。例如，人口出生率、死亡率、自然增长率多以千分数表示。

2.有名数

有名数主要用于表示强度相对指标的数值。进行对比的分子与分母的计量单位不同，所以两个单位同时保留下来，形成一个新的复合计量单位，以表明事物的强度、密度和普遍程度等。例如，人均国内生产总值用"元/人"表示；铁路网密度用"公里/万平方公里"表示；流动资产周转次数用"次/年"表示等。

§4.2.3 相对指标的种类及其计算方法

相对指标反映现象的数量对比关系，由于研究目的和对比基础的不同，相对指标通常分为计划完成程度相对指标、结构相对指标、比例相对指标、比较相对指标、强度相对指标、动态相对指标六种。

1.计划完成程度相对指标

(1)概念

计划完成程度相对指标是一定时期内实际完成数与计划任务数的比值，常用百分数表示。计划完成程度相对指标通常用于检查、监督计划进展的程度。其基本公式为：

$$\text{计划完成程度相对指标}=\frac{\text{实际完成数}}{\text{计划任务数}}\times 100\%$$

在运用计划完成程度相对指标判断计划进展的程度时，应根据指标的具体类型判定。当指标的数值越大越好时，称为正指标，如销量、利润、产值等，计划完成程度相对指标大于 100% 为超额完成计划，小于 100% 为未完成计划；如果指标的数值越小越好时，称为逆指标，如单位产品成本，计划完成程度相对指标小于 100% 为超额完成计划，大于 100% 为未完成计划；如果计划完成程度相对指标等于 100%，即视为完成计划。

(2)计算

计划完成程度相对指标可以进行短期和中期计划的检查监督，在这里以短期计划的检查监督为主为大家介绍计划完成程度相对指标的计算。计划完成程度相对指标的分子、分母可以表现为总量指标、相对指标和平均指标等不同的形式，所以计算的方法也不同。

①计划任务数为总量指标。

$$计划完成程度相对指标=\frac{实际完成数}{计划任务数}\times 100\%$$

例 4－1

某企业 2018 年计划实现利润 1000 万元，实际实现了利润 1200 万元，则该企业 2018 年利润的计划完成程度是多少？

$$计划完成程度相对指标=\frac{1200}{1000}\times 100\%=120\%$$

此例中，该企业的计划利润和实际利润均表现为绝对数，即总量指标，故直接将计划和实际利润的数值代入公式即可。利润为正指标，该企业第一季度利润的计划完成程度为 120%，超过了 100%，说明超额完成了计划。

②计划任务数为相对指标。具体分为以下两种情况。

当计划任务数为相对指标，而且以提高或降低百分数表示时，应在原有基数 100% 的基础上提高或降低，才能对比。

情况一：计划任务数为提高率，其计划完成程度相对指标的计算公式为：

$$计划完成程度相对指标=\frac{1+实际提高百分数}{1+计划提高百分数}\times 100\%$$

例 4－2

已知某企业 2018 年计划利润要比上年提高 10%，而实际提高了 20%，则该企业 2018 年的利润提高计划完成情况是多少？

$$计划完成程度相对指标=\frac{1+20\%}{1+10\%}\times 100\%=109.1\%$$

此例中，利润的计划数为提高率，利润为正指标。该企业利润的计划完成程度为 109.1%，超过了 100%，说明超额完成了计划。

情况二：计划任务数为降低率，其计划完成程度相对指标的计算公式为：

$$计划完成程度相对指标=\frac{1-实际降低百分数}{1-计划降低百分数}\times 100\%$$

例 4－3

已知某企业 2018 年的计划规定，成本比上年降低 5%，实际降低了 6%，则该企业的成本降低计划完成情况是多少？

$$计划完成程度相对指标=\frac{1-6\%}{1-5\%}\times 100\%=98.95\%$$

此例中，总成本的计划数为降低率，总成本为逆指标。该企业总成本的计划完成程度为

98.95％，未超过 100％，说明完成了计划。

③计划任务数为平均指标。

$$计划完成程度相对指标=\frac{实际平均水平}{计划平均水平}\times 100\%$$

例 4—4

某地区 2018 年计划居民人均可支配收入目标是 20000 元/人，实际居民人均可支配收入达到了 28000 元/人，则计划完成情况是多少？

$$计划完成程度相对指标=\frac{28000}{20000}\times 100\%=140\%$$

此例中，人均可支配收入的计划数为平均指标，故直接将计划和实际的数值代入公式即可。人均可支配收入为正指标，该地区人均可支配收入的计划完成程度为 140％，超过了 100％，说明超额完成计划。

2.结构相对指标

(1)概念

结构相对指标，是在资料分组的基础上，将总体分成不同的组成部分，用总体的一部分数值与总体全部数值进行对比，从而反映总体内部结构的综合指标，又称比重或比率。其计算公式为：

$$结构相对指标=\frac{总体中某一部分值}{总体全部数值}\times 100\%$$

结构相对指标的计算结果用百分数或成数表示，各组比重之和等于 100％ 或 1。分子与分母不能颠倒。

结构相对指标用于研究总体中各组成部分所占的比重，从而认识事物各组成部分在总体中所占的地位和作用。结构相对指标在统计中的应用相当广泛。例如，成绩及格率、产品合格率、升学率、失业率等。

(2)计算

例 4—5

我国 2018 年就业人员总数为 77584 万，其中，第一产业就业人员为 20257 万人，第二产业就业人员为 21390 万人，第三产业就业人员 35937 万人。

①试求结构相对指标：第一产业就业人员占就业人员总数的比重，第二产业就业人员占就业人员总数的比重，第三产业就业人员占就业人员总数的比重。

②这三个结构相对指标之和为多少？为什么？

$$第一产业就业人员比重=\frac{20257}{77584}\times 100\%=26\%$$

$$第二产业就业人员比重=\frac{21390}{77584}\times 100\%=28\%$$

$$第三产业就业人员比重=\frac{35937}{77584}\times100\%=46\%$$

三大产业就业人员比重之和=26%+28%+46%=100%

结构相对指标是总体的部分数值与总体的全部数值之比，因此三大产业就业人员占就业人员的比重之和为100%。

3.比例相对指标

(1)概念

比例相对指标，是在资料分组的基础上，将同一总体中不同组成部分的指标数值进行对比的结果，用来分析同一总体内各组成部分之间的比例关系。其计算公式为：

$$比例相对指标=\frac{总体中某一部分值}{总体中另一部分值}\times100\%$$

比例相对指标可以用百分数、倍数或比例来表示，也可用“1∶n”、“m∶n”或“1∶m∶n”表示。它强调的是同一总体内的部分与部分数值的比较，对比的结果表示所研究总体中的不同部分之间的比例关系，用于研究现象内部不同部分之间的比例是否合理。一般来说，分子、分母可以调换，但是某些特定指标不可交换。

(2)计算

例4—6

我国2018年年末总人口是139538万人，其中男性人口有71351万人，女性人口有68187万人，试求我国男女性别比例。

男女性别比例 =71351∶68187=104.6∶100

说明一下，人口学上对人类社会或国家中的男女性别比，通常是以每100位女性所对应的男性数目为计算标准。所以此例中，要将分母也就是女性数值化为100来表示计算结果。

例4—7

我国2018年就业人员总数为为77584万人，其中，第一产业就业人员为20257万人，第二产业就业人员为21390万人，第三产业就业人员为35937万人。试求三大产业就业人员人数之间的比例关系。

第一、第二、第三产业就业人员的比例=20257∶21390∶35937=2.0∶2.1∶2.6

4.比较相对指标

(1)概念

比较相对指标是指在同一时期内，不同总体的同类现象的指标进行对比的结果，反映不同总体之间同一现象发展水平的差别程度。可以用百分数表示，也可以用系数或倍数表示。其计算公式为：

$$比较相对指标=\frac{某一总体某类指标数值}{另一总体同类指标数值}$$

比较相对指标可以是绝对数对比，也可以是相对数或平均数对比。一般情况下，比较相对指标的分子和分母可以互相对换，从不同的出发点看问题。

(2)计算

例 4—8

甲乙企业生产同一款玩具，甲企业单位产品成本是 9 元/件，乙企业单位产品成本是 12 元/件，试求甲乙企业单位产品成本之比。

$$\text{甲乙企业单位产品成本之比}=\frac{9}{12}=75\%$$

从计算结果看，甲企业单位产品成本是乙企业的 75%，甲企业的单位产品成本更低。

5.强度相对指标

(1)概念

强度相对指标，是指两个性质不同但又相互联系的指标进行对比的比值，它可以反映现象的强度、密度或普遍程度，借助该指标进行国家、地区之间的比较，确定发展不平衡和发展的差距。一般用有名数表示，但也有用无名数表示。例如，2018 年我国普通高等学校在校学生数是 2831 万，普通高等学校专任教师数是 167 万，因此 2018 年我国普通高校生师比(教师人数=1)为 17。其计算公式为：

$$\text{强度相对指标}=\frac{\text{某一总量指标数值}}{\text{另一有联系但性质不同的总量指标数值}}$$

强度相对指标和比较相对指标都是属于不同总体之间的对比，但二者又有所区别。强度相对指标说明的是性质不同的两个指标的联系程度，而比较相对指标说明的是性质相同的指标在不同单位发展水平的差异情况。

需要注意的是，强度相对指标有时会涉及一些人均指标，如人均国民生产总值、人均粮产量等，这些人均指标是强度相对指标，不是平均指标。因为平均指标是总体的标志总量与总体单位总量的对比，而人均指标是不同类现象的对比。

(2)强度相对指标的表现形式

①有名数。强度相对指标一般用有名数表示，如粮食人均占有量“千克/人”等。

②无名数。强度相对指标少数用百分数或千分数表示，如森林覆盖率用百分数表示，人口出生率则用千分数表示。

(3)正指标与逆指标

在计算强度相对指标时，分子和分母可以互换，强度相对指标就有了正指标和逆指标之分。

①正指标。正指标的数值大小与现象的发展程度或密度成正比，即正指标的数值越大越好。

②逆指标。逆指标的数值大小与现象的发展程度或密度成反比，即逆指标的数值越小

越好。

例 4－9

2018 年我国卫生机构床位数共 840 万，年末总人口是 139 千万人，则：

$$每千人拥有的床位数=\frac{8400000(张)}{1390000(千人)}\approx 6(张/千人)$$

每千人拥有的医院床位数，其数值大小与医疗资源的丰富程度成正比，因而为正指标，是从正方向说明问题，指标数值越大，说明居民的医疗资源越丰富；医疗资源的丰富程度也可用每张床位负担的人口数表示。

以上述资料为例计算：

$$每张床位负担的人口数=\frac{1390000(千人)}{8400000(张)}\approx 0.165(千人/张)$$

每张床位负担的人口数，其数值大小与医疗资源丰富程度成反比，因而为逆指标，是从反方向说明问题，指标数值越小，说明居民的医疗资源越紧缺。

6.动态相对指标

(1)概念

动态相对指标是把同一现象在不同时期的指标数值进行对比的比值，可以说明某一现象的发展变化的方向和程度。通常把作为比较标准的时期叫作基期，把进行分析研究的时期，称为报告期。其计算公式为：

$$动态相对指标=\frac{报告期水平}{基期水平}\times 100\%$$

(2)计算

例 4－10

某企业 2017 年利润为 220 万元，2018 年利润为 330 万元，则动态相对指标为：

$$动态相对指标=\frac{330}{220}\times 100\%=150\%$$

计算结果说明该企业 2018 年的利润比 2017 年提高了 50%，从 2017 年到 2018 年，企业利润是增长的。

§4.3 集中趋势的测定

§4.3.1 平均指标的意义和种类

1.平均指标的概念

平均指标也称统计平均数，它是说明同质总体内某一数量标志在具体时间、地点条件下达到的一般水平的综合指标。研究事物的集中趋势，也就是一组数据分布的中心倾向或一般水平，其测度值通常表现为平均指标。

例如，平均工资反映某一时间、某一企业或某一岗位的就业人员工资的一般水平；平均物价反映某一时间、某一地点的商品价格的一般水平等。

2.平均指标的特点

(1)平均指标是一个抽象化数值。它将总体内各单位在一定时间、空间条件下某个数量标志的数值差异给相互抵消了，用一个概括性的数值综合反映现象总体的一般水平。

(2)平均指标是一个代表性数值。它是根据总体内各单位某一数量标志的标志值计算的，代表总体内全部单位该数量标志表现的一般水平。其代表性的大小取决于被平均的标志值的差异程度。平均指标反映了总体各单位标志值分布的集中趋势。

3.平均指标的作用

平均指标是统计中常用的综合指标之一，在说明社会经济现象总体数量特征方面有着重要的作用。

(1)平均指标可以消除因总体范围不同而带来的总体数量差异，从而使不同规模的总体具有可比性。例如，由于班级人数不同，不同班级的成绩总额不宜直接对比，而将平均成绩进行对比，就可判断班级学习成绩的高低。

(2)通过平均指标可以反映同一总体在不同时间上发展变化的趋势或规律性。例如，研究产品成本变化情况，由于不同时期产量不同，用总成本说明不了问题，而用单位平均成本则可以反映产品成本的变动趋势。

(3)利用平均指标可以分析现象之间的依存关系。例如，考察不同家庭的平均收入水平和平均消费水平，可以得到收入与支出的依存关系。

(4)根据平均指标可以推断其他相关的统计指标。例如，利用某地区职工样本人均收入可以推断该地区职工总体的人均收入水平。

在社会经济统计中，常用的平均指标有算术平均数、调和平均数、几何平均数、中位数和众数。

§4.3.2 算术平均数的概念及计算方法

算术平均数是根据总体标志总量和总体单位总量计算的一种平均数。它是统计中最常用的一种平均指标，凡是总体各单位的标志值之和等于总体的标志总量时，均可使用算术平均数来反映总体的一般水平。其基本计算公式为：

算术平均数＝总体标志总量/总体单位总量

上式中的分子、分母是同一总体中的两个指标，而且总体单位总量是计算总体标志总量的标志值的个数，即分子中的每一个标志值都由分母中的每一个总体单位来承当，两者存在严格的对应关系，这也正是平均指标与相对指标(特别是强度相对指标)的区别所在。

在具备同一总体的标志总量和单位总量的情况下，可以直接利用上述基本公式计算平均数。

但在实际工作中，由于掌握的资料不同，一般并不按算术平均数的基本公式直接计算，而是采用简单算术平均数和加权算术平均数两种形式分别计算。但无论采用哪种形式，均离不开算术平均数的基本公式。

1.简单算术平均数

根据未分组资料中总体各单位的标志值计算的算术平均数就是简单算术平均数。它是将总体各单位的标志值简单加总得出总体标志总量，再除以总体单位数计算出来的。其计算公式为：

$$X=\frac{X_1+X_2+\cdots+X_N}{N}=\frac{\sum_{i=1}^{N}X_i}{N}$$

式中：X 变量值，代表各单位的不完全相同的标志值；

N 代表总体单位的个数，即总体单位的总量；

$\sum$代表求和符号。

例 4—11

某班级有 10 名学生，成绩分别为 60 分、72 分、82 分、60 分、90 分、72 分、82 分、90 分、90 分、72 分，则该班 10 名学生的平均成绩为：

$$X=\frac{X_1+X_2+\cdots+X_N}{N}=\frac{\sum_{i=1}^{N}X_i}{N}=\frac{60+72+82+60+90+72+82+90+90+72}{10}=77(分)$$

2.加权算术平均数

在实际工作中，由于总体单位往往很多，其中某些单位的标志值又是重复出现的，我们所掌握的资料常常是已经分组整理好的变量数列。根据变量数列计算的算术平均数就是加权算术平均数。它是将各组的标志值乘以相应的单位数求出各组标志总量，并加总得到总体标志总量，然后除以各组单位数之和的总体单位总量所求得的结果。其计算公式为：

$$X=\frac{X_1f_1+X_2f_2+\cdots+X_mf_m}{f_1+f_2+\cdots+f_m}=\frac{\sum_{i=1}^{m}X_if_i}{\sum_{i=1}^{m}f_i}$$

式中：X 变量值，代表各组的标志值；

f 代表各组的单位数(权数、次数、频数)。

将例 4—11 的资料分组整理成如下单项数列，如表 4—1 所示。

通过计算可以看出，加权算术平均数是根据变量值 X 和次数 f 这两个因素计算的。可见，加权算术平均数同时受变量值与次数的影响。在变量值一定的情况下，次数多的组，其变量值对平均数的影响大，平均数接近该变量值；次数少的组，其变量值对平均数影响小，平均数远离该变量值。在此，次数对平均数的大小起着权衡轻重的作用。这种在平均数的计算过程中起权衡轻重作用的数值就叫权数。权数的大小直接影响着变量值在总量中的地位，从而影响变量值在平均数中所占的份额。

表 4－1　　　　　　　　　　　　　**某班学生成绩**

成绩 X(分)	学生数 f(人)	总成绩 Xf(分)
60	2	120
72	3	216
82	2	164
90	3	270
合计	10	770

平均成绩：

$$X=\frac{X_1f_1+X_2f_2+\cdots+X_mf_m}{f_1+f_2+\cdots+f_m}=\frac{\sum_{i=1}^{m}X_if_i}{\sum_{i=1}^{m}f_i}=\frac{60\times2+72\times3+82\times2+90\times3}{10}=77(\text{分})$$

需要指出的是：

权数可以是绝对数，也可以是相对数(各组次数在总次数中所占比重)，但相对数权数更能体现权数的实质。其计算公式为：

$$x=\sum(xf/\sum f)$$

式中：$f/\sum f$ 是权数，表示各组的单位数在总的单位数中所占比重。

假设表 4－1 中的学生人数(次数)资料未知，而已知学生人数在总数中的比重，如表 4－2 所示。

表 4－2　　　　　　　　　　　　　**某班学生数**

成绩 x(分)	学生数比重 $f/\Sigma f$	$xf/\Sigma f$
60	0.2	12
72	0.3	21.6
82	0.2	16.4
90	0.3	27
合计	1	77

根据表 4－2 的资料计算算术平均数，应先将各组变量值与相应比重权数相乘，得到这个变量值在平均数中的份额，然后把所有份额相加求和即可。平均日产量：

$$x=\sum(xf/\sum f)=60\times0.2+72\times0.3+82\times0.2+90\times0.3=77(\text{分})$$

计算结果表明：对于同一资料，用绝对数和相对数权数计算出的平均数完全一致。至于在什么情况下采用绝对数权数，在什么情况下采用相对数权数，要根据所掌握的具体资料来定。

上述计算加权算术平均数的公式是在掌握单项式变量数列的条件下采用的。如果所掌握的资料是组距式数列，则应先求出各组变量值的组中值代替各组变量值，然后按单项式数列求算术平均数的方法计算平均数。

例 4—12

某公司 5 月 80 名职工的工资资料如表 4—3 所示。

表 4—3　　5 月某公司职工工资情况

月工资(元)	工人数 f(人)	组中值 x	xf
3000 以下	8	2000	16000
3000—5000	12	4000	48000
5000—7000	30	6000	180000
7000—9000	25	8000	200000
9000 以上	5	10000	50000
合计	80	—	494000

该公司 5 月 80 名职工的平均工资为：

$$x=\sum xf/\sum f=494000\div 80=6175(\text{元})$$

在组距式数列中，是用组中值代替各组变量值来计算算术平均数的。而代表各组变量值平均水平的组中值是假定各组变量值在组内是均匀分布或对称分布的，此时各组变量值的平均值恰好等于各组的组中值。但这与客观实际往往存在一些偏差。因此，根据组距数列计算的平均数有一定的假定性，只能是一个近似值。

§4.3.3 几何平均数的概念及计算方法

在社会经济现象中，有些现象是按照类似于几何级数的形式变动的，在计算这些现象的平均水平时，不能采用算术平均法或调和平均法，而应采用几何平均法。

几何平均数是指把各个标志值连乘，然后开资料项数(n)次方根得到的平均水平。

凡是现象的连乘积等于现象的总比率或总速度都可用几何平均数来计算它们的平均比率和平均速度。

1.简单几何平均数

适用于根据未分组资料来计算平均比率或平均速度等。其计算公式为：

$$X=\sqrt[N]{X_1\cdot X_2\cdots X_N}=\sqrt[N]{\prod X}$$

例 4—13

一存款人在银行存入 1 万元人民币，在 5 年内按不同的利率计息(按复利计算)，其年本利率分别是 1.07、1.07、1.07、1.08、1.08，求平均年本利率。

$$X=\sqrt[5]{1.07\times 1.07\times 1.07\times 1.08\times 1.08}=\sqrt[5]{1.4289}=1.074$$

2.加权几何平均数

适用于根据已分组资料来计算平均比率或平均速度等。其计算公式为：

$$X = \sqrt[\sum_{i=1}^{m} f_i]{X_1^{f_1} \cdot X_2^{f_2} \cdots X_m^{f_m}} = \sqrt[\sum_{i=1}^{m} f_i]{\prod_{i=1}^{m} X_i^{f_i}}$$

例 4—14

一存款人在银行存入 1 万元人民币，在 5 年内按不同的利率计息(按复利计算)，其年本利率前三年每年均是 1.07，后两年年均是 1.08，求平均年本利率。

$$X = \sqrt[5]{1.07^3 \times 1.08^2} = \sqrt[5]{1.4289} = 1.074$$

§ 4.3.4 中位数的概念及计算方法

1.中位数的概念

如果将一组数据依一定顺序从小到大(或从大到小)排列，中位数就是位于中央位置的数值。它将这组数据的个数一分为二，大于中位数的数据有一半分布着，小于中位数的数据也有一半分布着。中位数用 Me 表示。它是集中量的一种指标。

2.中位数的计算方法

(1)原始数据计算法

将一组数据依大小顺序排列后，若数据的个数为奇数，就以位于最中间的那个数据作为中位数;若数据的个数为偶数，就以最中间的两个数据的算术平均数作为中位数。

例如，有一组数据依从小到大排列如下：5、6、8、9、10。因为数据个数为奇数，所以排在最中间的数值 8 就是中位数，即 $Me = 8$。

再如，有一组数据依从小到大排列如下：5、6、8、9、10、12。因为数据个数为偶数，所以排在最中间的两个数据 8 与 9 的算术平均数就是中位数，即 $Me = (8+9) \div 2 = 8.5$。

(2)频数分布表计算法

若一组原始数据已经编成了频数分布表，根据单项式数列和组距式数列采用不同的计算方法。

①单项式数列计算中位数，先计算各组的向上累计次数，然后根据中位数次数找出中位数。

例 4—15

某公司某日工人的日产量资料如表 4—4 所示。

表 4—4　　**某公司工人日产量情况**

日产量 x(件)	工人数 f(人)
10	70
11	100
12	380
13	150
14	100
合计	800

第一步，先计算向上累计次数，找到中位数所在组。

第二步，求二分之一总频数，确定中位数的位次：$\frac{N}{2}=\frac{800}{2}=400$。

第三步，根据向上累计次数找到中位数所在组为第三组，即 $Me=12$。

表 4－5　　某公司某日工人的日产量情况

日产量 x(件)	工人数 f(人)	向上累计次数(人)
10	70	70
11	100	170
12	380	550
13	150	700
14	100	800
合计	800	2290

②组距式数列计算中位数，先计算各组的累计次数和确定中间位次，然后确定中位数的所在组，再运用内插法按比例来求得中位数的近似值。

下限公式：

$$M_e=L+\frac{\frac{\sum f}{2}-S_{m-1}}{f_m}\cdot d$$

式中：L 表示中位数所在组的下限；

Σf 表示总次数；

f_m 表示中位数所在组的次数；

S_{m-1} 表示向上累计时，累计至中位数所在组上一组的次数；

d 表示中位数所在组的组距。

上限公式：

$$M_e=U-\frac{\frac{\sum f}{2}-S_{m+1}}{f_m}\cdot d$$

式中：U 表示中位数所在组的上限；

Σf 表示总次数；

f_m 表示中位数所在组的次数；

S_{m+1} 表示向下累计时，累计至中位数所在组上一组的次数；

d 表示中位数所在组的组距。

例 4－16

某车间 50 名工人月产量资料如下表 4－6 所示。

表 4－6　　　　　　　　　　　某车间 50 名工人月产量情况

月产量)x(件	工人数 f(人)	向上累计次数(人)	向下累计次数(人)
200 以下	3	3	50
200—400	7	10	47
400—600	32	42	40
600 以上	8	50	8
合计	50	—	—

下面以表 4－6 为例，说明利用下限公式计算中位数的步骤。

第一步，求中位数的位次即二分之一总频数。$\frac{N}{2}=\frac{50}{2}=25$。

第二步，确定中位数所在组。根据向上累计频数可知，第 11—42 位均在第三组，即第 25 位在第三组，表 4－6 中 400—600 这组，就是中位数所在组。

第三步，求 Σf 和 f_m。Σf 表示总次数，即 $\Sigma f=50$。f_m 表示中位数所在组的频数，即 $f_m=32$。

第四步，计算中位数所在组的下限 L 和组距 d。即 $L=400$，$d=600-400=200$。

第五步，计算 $S_{m-1}=10$，即向上累计时，累计至中位数所在组上一组的次数。

利用以上资料代入公式计算如下：

$$M_e=400+\frac{\frac{50}{2}-10}{32}\times(600-400)=493.75(\text{件})$$

同理，代入上限公式计算如下：

$$M_e=600-\frac{\frac{50}{2}-8}{32}\times(600-400)=493.75(\text{件})$$

不论用下限公式还是上限公式，中位数的计算结果均是相同的。

由于中位数不是由每个数据参加运算所求得，而是由数据的个数所决定，所以中位数很少受两极端数值的影响。根据这一特点，在以下几种情况：①一组数据中有特大或特小两极端数值；②一组数据中有个别数据不确切、不清楚；③资料属于等级性质，可以用中位数作为反映数据集中趋势的指标。

§4.3.5 众数的概念及计算方法

1.众数的概念

众数是指一组数据中出现次数最多的那个数据，一组数据可以有多个众数，也可以没有众数。例如，某服装厂要了解消费者最需要哪种尺码的女装，调查了某百货商场某季度女装的销售情况，得到资料如表 4—7 所示。

表 4－7　某商场某季度女装销售情况

尺码	销量(万件)
S	32
M	56
L	27
XL	15
XXL	10
合计	140

从表中可以看到，M 尺码的服装销售量最多，如果我们计算算术平均数，无法计算也没有实际意义，而直接用 M 尺码作为消费者对女装尺码的集中趋势既便捷又符合实际。

统计学上把这种在一组数据中出现次数最多的变量值叫作众数。用 Mo 表示。它主要用于定类(品质标志)数据的集中趋势，当然也适用于作为定序(品质标志)数据以及定距和定比(数量标志)数据集中趋势的测度值。上面的例子中，尺码 M 就是众数。

2.众数的计算方法

由品质数列和单项式变量数列确定众数比较容易，哪个变量值出现的次数最多，它就是众数，如上面的例子。

若所掌握的资料是组距式数列，则只能按一定的方法来推算众数的近似值。其计算公式为：

下限公式：

$$M_o = L + \frac{\triangle_1}{\triangle_1 + \triangle_2} \times d$$

上限公式：

$$M_o = U - \frac{\triangle_2}{\triangle_1 + \triangle_2} \times d$$

式中：L——众数所在组下限；

U——众数所在组上限；

$\triangle_1$——表示众数所在组的次数与众数所在组上一组的次数之差；

$\triangle_2$——表示众数所在组的次数与众数所在组下一组的次数之差；

d——众数所在组组距。

例 4－17

某工厂工人生产某种零件所耗用时间的分组资料如表 4－8 所示，计算单位零件所耗时间的众数。

表 4—8　　某工厂工人生产某种零件所耗用时间的分组情况

单位零件所耗时间(分)	工人数(人)
2—4	140
4—6	290
6—8	280
8—10	190
合计	900

解:从表中的数据可以看出，最大的频数值是 290，即众数组为 4—6 这一组，根据公式得单位零件所耗时间的众数为:

$$M_o=4+\frac{150}{150+10}\times 2=4+1.875=5.875$$

或:

$$M_o=6-\frac{10}{150+10}\times 2=6-0.125=5.875$$

众数是一种位置平均数，是总体中出现次数最多的变量值，因而在实际工作中有时有它特殊的用途。诸如，大多数人所穿戴的服装、鞋帽的尺寸;集市贸易上某种商品大多数的成交量等，都需要利用众数。但是必须注意，从分布的角度看，众数是具有明显集中趋势点的数值，一组数据分布的最高峰点所对应的数值即为众数。当然，如果数据的分布没有明显的集中趋势或最高峰点，众数也可能不存在;如果有两个最高峰点，也可以有两个众数。只有在总体单位比较多，而且又明显地集中于某个变量值时，计算众数才有意义。

3.众数的特点

(1)众数是以它在所有标志值中所处的位置确定的全体单位标志值的代表值，它不受分布数列的极大或极小值的影响，从而增强了众数对分布数列的代表性。

(2)当分组数列没有任何一组的次数占多数，也即分布数列中没有明显的集中趋势，而是近似于均匀分布时，则该次数分配数列无众数。若将无众数的分布数列重新分组或各组频数依序合并，又会使分配数列再现出明显的集中趋势。

(3)如果与众数组相比邻的上下两组的次数相等，则众数组的组中值就是众数值;如果与众数组比邻的上一组的次数较多，而下一组的次数较少，则众数在众数组内会偏向该组下限;如果与众数组比邻的上一组的次数较少，而下一组的次数较多，则众数在众数组内会偏向该组上限。

(4)缺乏敏感性。这是由于众数的计算只利用了众数组的数据信息，不像数值平均数那样利用了全部数据信息。

§4.3.6 算术平均数、中位数和众数的关系

平均数描述的是总体的平均水平，这反映的是总体的整体水平，比如班级评比的时候就

是按全班平均分评的。一组数据，用这组数据的总和除以总分数，得出的数就是这组数据的平均数。平均数的大小与一组数据里的每个数据都有关系，任何一个数据的变动都会引起平均数的变动，即平均数受较大数和较小数的影响。

众数就是反映总体中出现频率最高的数，比如班级投票选择去哪里玩，结果自然是票数最高的选择。在一组数据中出现次数最多的数据叫作这组数据的众数。因此求一组数据的众数既不需要计算，也不需要排序，而只要数出出现次数较多的数据的频率就行了。众数与概率有密切的关系。众数的大小仅与一组数据中的部分数据有关。当一组数据中有不少数据多次重复出现时，它的众数也往往是我们关心的一种集中趋势。

中位数其实反映不了什么问题，只是大概反映一个总体的中间状态在哪里，可以大致预测一下平均值。毕竟一个总体的分布很多都是正态分布，中位数很可能接近平均数。将一组数据按大小依次排列，把处在最中间位置的一个数(或最中间位置的两个数的平均数)叫作这组数据的中位数。中位数的大小仅与数据的排列位置有关。因此中位数不受偏大和偏小数的影响，当一组数据中的个别数据变动较大时，常用它来描述这组数据的集中趋势。

从这三个数的意义可知，这三个统计量都是表示一组数据的集中趋势情况，由于每个数表示的意义不同，因此，一般情况下一组数据的平均数、中位数、众数也往往不同。那如何使用这三个统计量呢？笔者认为这个没有明确的规定，要根据研究对象的具体情况，看哪个统计量最能反映这组数据的一般水平就用哪个。

§4.4 标志变异指标

§4.4.1 标志变异指标的意义和作用

总体单位某一数量标志的标志值既有集中趋势的一面，又有离中趋势的一面。前面介绍的平均指标只能反映各标志值向平均指标靠拢的集中趋势，而不能反映标志值之间的数量差异以及标志值背离平均指标的离中趋势。而这种数量差异和离中趋势是客观存在的，并且是平均指标代表性的大小、标志值集中趋势强弱的反映。因此，我们在研究平均指标的同时，还必须研究平均指标的代表性，也就是要研究标志值的差异程度，即标志变动度。

标志变异指标也叫标志变动度，是反映总体各单位标志值差异程度的综合指标，用来说明总体各单位标志值的离中趋势。一般说来，标志变异指标数值大，说明总体各单位标志值之间的差异大，离中趋势也大；相反，说明总体各单位标志值之间的差异小，离中趋势也小。

标志变异指标在统计工作中的作用主要表现为以下两点：

(1)标志变异指标是评价平均指标代表性大小的依据；

(2)标志变异指标可用来研究现象发展变化的稳定性和均衡性。

例 4—18

某班有甲乙两个小组，每组各有 7 名学生，其统计学考试成绩如表 4—9 所示。

表 4—9　　甲乙两组学生统计学成绩分布情况　　单位:分

小组	各名学生成绩	小组平均成绩
甲	20、30、40、50、60、70、80	50
乙	47、48、49、50、51、52、53	50

在这个例子中，甲乙两组的平均成绩均为 50 分，但这两个 50 分的代表性却不同，因为两个小组成绩的离散程度不一样。乙组每个学生的成绩比较接近，而甲组每个学生的成绩差异较大，因此平均数 50，对于乙组代表性就大，而对于甲组代表性就小。

标志变异指标分为全距、平均差、标准差和离散系数四种。如果被比较的两个总体的平均数相等，可以使用全距、平均差和标准差的任意一类来测定两个平均数的代表性；如果被比较的两个总体的平均数不相等，则必须使用离散系数进行测定。

§4.4.2 全距的概念及计算方法

全距是数列中的最大标志值与最小标志值之差，也称极差，用“R”表示。全距反映标志的实际变动范围。全距小，反映标志值较集中，标志值差异程度小，平均指标的代表性大；反之，则说明标志值较分散，标志值差异程度大，平均指标的代表性小。

用公式表示：

$$极差(R)=最大标志值(x_{max})-最小标志值(x_{min})$$

以例 4—18 为题，计算极差。

$$甲组的极差(R)=80-20=60(分)$$

$$乙组的极差(R)=53-47=6(分)$$

甲组的极差较大，则甲组的平均成绩的代表性较小，同时说明甲组学生的成绩差距较大；而乙组的极差较小，则乙组的平均成绩的代表性较大，同时说明乙组各个学生的成绩差距小。

极差计算简便，但忽略了中间数值的变动情况，容易受极端数值的影响，往往不能反映现象的实际离散程度。

§4.4.3 平均差的概念及计算方法

总体各单位标志值与平均数的差叫离差(X_i-X)；将所有离差取绝对值后再求算术平均数就是平均离差，简称平均差，常用 $A.D$ 表示。由于各标志值对其平均数的离差总和恒等于 0，因此在计算平均差时，需要对离差取绝对值来计算，即$|X_i-X|$。平均差数值越小，平均数的代表性就越大；反之，平均差数值越大，平均数的代表性则越小。

①未分组资料。对于未分组资料，可采用简单平均式来计算。其计算公式为：

$$A.D=\frac{|X_1-X|+\cdots+|X_N-X|}{N}=\frac{\sum_{i=1}^{N}|X_i-X|}{N}$$

例 4—19

根据表 4—9 所示甲乙两组学生统计学成绩的资料，计算两组的平均差，并用平均差比较甲乙两组平均成绩的代表性。

$$A.D_{甲}=\frac{\sum_{i=1}^{N}|X_i-X|}{N}=\frac{|20-50|+\cdots+|80-50|}{7}=\frac{140}{7}=20(分)$$

$$A.D_{乙}=\frac{\sum_{i=1}^{N}|X_i-X|}{N}=\frac{|47-50|+\cdots+|53-50|}{7}=\frac{12}{7}\approx1.7(分)$$

因为 $A.D$ 乙 $<$ $A.D$ 甲，所以乙组的平均成绩比甲组的平均成绩更有代表性。

②已分组资料。对于已分组资料，可采用加权平均式来计算。其计算公式为：

$$A.D=\frac{|X_1-X|f_1+\cdots+|X_m-X|f_m}{f_1+\cdots+f_m}=\frac{\sum_{i=1}^{m}|X_1-X|f_1}{\sum_{i=1}^{m}f_1}$$

例 4—20

某高校会计专业共有一、二两个班级，两个班级均为 50 名大学生。一班统计学平均成绩为 73.8 分，平均差为 6.5 分，二班统计学成绩资料如表 4—10 所示，请比较两个班级统计学平均成绩的代表性。

表 4—10　　二班学生成绩

成绩分组(分)	学生人数 f(人)	组中值 x	离差
60 以下	4	55	−18.8
60—70	12	65	−8.8
70—80	24	75	1.2
80—90	6	85	11.2
90—100	4	95	21.2
合计	50		

$$X=\frac{55\times4+\cdots+94\times4}{50}=\frac{3690}{50}=73.8(分)$$

$$A.D=\frac{18.8\times4+\cdots+21.2\times4}{50}=\frac{361.6}{50}=7.232(分)$$

虽然一班和二班的平均成绩均为 73.8 分，但是 $A.D_1<A.D_2$，所以一班的统计学平均成绩更有代表性。

§4.4.4 方差和标准差的概念及计算方法

标准差是总体各单位标志值与其算术平均数的离差平方的算术平均数的平方根，也叫均方差。用"σ"表示。方差是标准差的平方。一般来讲，标准差越大，说明标志变动度越大，平均值代表性越小；标准差越小，说明标志值变动越小，平均值代表性越大。

根据所掌握的资料，标准差的计算方法也有两种：简单标准差和加权标准差。

1.简单标准差

根据未分组资料计算的标准差就是简单标准差。其计算公式为：

$$\sigma=\sqrt{\frac{\sum_{i=1}^{N}(X_i-X)^2}{N}}$$

例 4－21

以例 4－19 的资料为例，甲乙两组统计学成绩的标准差分别为：

$$\sigma_{甲}=\sqrt{\frac{\sum_{i=1}^{N}(X_i-X)^2}{N}}=\sqrt{\frac{(20-50)^2+\cdots+(80-50)^2}{7}}=\sqrt{\frac{4000}{7}}\approx 24(分)$$

$$\sigma_{乙}=\sqrt{\frac{\sum_{i=1}^{N}(X_i-X)^2}{N}}=\sqrt{\frac{(47-50)^2+\cdots+(53-50)^2}{7}}=\sqrt{\frac{28}{7}}=2(分)$$

因为 $\sigma_{乙}<\sigma_{甲}$，所以乙组的平均成绩的代表性比甲组更高。

2.加权标准差

根据分组资料变量数列计算的标准差就是加权标准差。其计算公式为：

$$\sigma=\sqrt{\frac{\sum_{i=1}^{m}(X_i-X)^2 f_i}{\sum_{i=1}^{m}f_i}}$$

例 4－22

以例 4－20 的资料为题，计算 σ 如下。

表 4－11　　　　二班学生成绩

成绩分组(分)	学生人数 f(人)	组中值 x	离差
60 以下	4	55	−18.8
60—70	12	65	−8.8
70—80	24	75	1.2
80—90	6	85	11.2
90—100	4	95	21.2
合计	50		

$$X=\frac{55\times4+\cdots+95\times4}{50}=\frac{3690}{50}=73.8(分)$$

$$\sigma=\sqrt{\frac{18.8^2\times4+\cdots+21.2^2\times4}{50}}=\sqrt{\frac{4928}{50}}=9.93(分)$$

虽然一班和二班的平均成绩均为 73.8 分，但是 σ1＜σ2，所以一班平均成绩的代表性比二班平均成绩的代表性大。

3.是非标志的平均差和标准差

是非标志，又称为交替标志，它是用“是”与“非”表示的标志，它把某种社会经济现象的统计单位划分为具有某一标志的单位和不具有某一标志的单位。例如，学生成绩分为“及格”与“不及格”，产品质量分为“合格”与“不合格”等。

用 1 表示“是”的数据，用 0 表示“非”的数据。用 N 表示数据总数，用 N_1 表示“是”的数据单位数，用 N_0 表示“非”的数据单位数，用 p 表示“是”的数据数在全部单位中所占的比重，用 q 表示“非”的数据单位数在全部单位中所占的比重，则：

$$p=\frac{N_1}{N}$$

$$q=\frac{N_0}{N}$$

由于 $N=N_1+N_0$，故 $p+q=1$。

假设某产品共 N 件，合格品有 N_1 件，不合格品有 N_0 件，合格品用 1 表示，不合格品用 0 表示，如表 4－12 所示。

表 4－12

产品	件数	比重
1	N_1	$N_1/N=p$
0	N_0	$N_0/N=q$
合计	N	1

观察可知，上表为单项式分配数列，计算该表的平均数和标准差。计算可得：

是非标志的算术平均数为：

$$\bar{x}=\frac{1\times N_1+0\times N_0}{N}=\frac{N_1}{N}=p$$

是非标志的方差为：

$$\sigma^2=\frac{\sum(x_i-\bar{x})^2f_i}{\sum f_i}=\frac{(1-p)^2\times N_1+(0-p)^2\times N_0}{N}=pq=p(1-p)$$

是非标志的标准差为：

$$\sigma=\sqrt{pq}=\sqrt{p(1-p)}$$

例 4－23

某批产品共 2000 件，其中合格品 1800 件，不合格品 200 件，计算成数、方差和标准差。

$$p=\frac{N_1}{N}=\frac{1800}{2000}=90\%$$

$$q=\frac{N_0}{N}=\frac{200}{2000}=10\%$$

$$\sigma^2=pq=90\%\times10\%=9\%$$

$$\sigma=\sqrt{pq}=\sqrt{90\%\times10\%}=9\%$$

§4.4.5 离散系数

平均差和标准差都是平均离差，都能在一定程度上反映标志值的变动程度。但它们不仅取决于各标志值差异程度的大小，而且取决于总体平均数的大小。如果两个总体的平均数不相等，就不能直接用平均差或标准差来测定平均数的代表性。因为对于平均水平相差悬殊的总体，不管其性质是否相同、计量单位是否一致，它们的离中趋势用全距、平均差和标准差都是不可比的。要将它们变为可比，就只有消除总体平均数的影响。为此，必须通过计算离散系数来测定平均指标代表性的大小。

离散系数是消除总体平均数影响后的标志变异指标，是用全距、平均差和标准差等标志变异指标除以其算术平均数所得的比值，是一个以相对数形式出现的标志变异指标。它可以用于比较不同性质、不同水平总体的标志变异程度，并据此判断平均指标代表性的大小，通常用“V”表示。

离散系数主要有平均差系数和标准差系数。其计算公式为：

平均差系数：

$$V_{A.D}=\frac{A.D}{X}\times100\%$$

标准差系数：

$$V_\sigma=\frac{\sigma}{X}\times100\%$$

例 4－24

甲乙两个城市的居民月收入情况资料如表 4－13 所示，试分析比较两个城市居民人均月收入的代表性。

表 4－13　　甲乙两个城市的居民月收入情况

城市	人均月收入(元)	收入标准差
甲	6000	150
乙	12000	180

从上表数据可见，乙城市人均月收入远高于甲城市，但乙城市收入标准差大于甲城市，只能通过标准差系数进行比较。

$$V_{\sigma甲}=\frac{\sigma_{甲}}{X_{甲}}\times100\%=\frac{150}{6000}=2.5\%$$

$$V_{\sigma乙}=\frac{\sigma_{乙}}{X_{乙}}\times100\%=\frac{180}{12000}=1.5\%$$

由于乙城市的标准差系数更小，所以乙城市的人均月收入更有代表性，也就意味着乙城市的居民收入差距更小。

平均指标反映现象的集中趋势，在统计分析中应用非常广泛；标志变异指标则从另一侧面反映现象总体的数量特征，主要用于分析平均指标的代表性、生产经营的均衡性和产品质量的稳定性。离开平均指标，标志变异指标就会失去应用的意义。

第 5 章　统计指数

1.统计指数的概念和分类。

2.综合指数的编制及其应用。

3.平均数指数的编制及其应用。

引导案例

2018 年，各地区各部门认真贯彻落实中央作出的一系列重大决策部署，坚持稳中求进工作总基调，CPI(居民消费价格指数)延续了温和上涨走势，涨幅低于年初提出的调控目标，PPI(生产价格指数)涨幅回落，物价总体稳定。

一、消费领域价格总体稳定

(一)CPI 月度同比虽有波动，但总体温和上涨。2018 年，CPI 比上年上涨 2.1%，涨幅比上年扩大 0.5 个百分点，延续了 2012 年以来的温和上涨态势。分月来看，同比涨幅在 1.5%—2.9%波动。1 月受春节“错月”影响，对比基数较高，CPI 同比上涨 1.5%，涨幅为年内最低;2 月受春节和大范围降温、雨雪天气影响，鲜菜价格大幅度上涨推动 CPI 环比上涨 1.2%，同比上涨 2.9%，涨幅为全年最高;3 月后随着天气转暖，食品价格持续下降，CPI 同比涨幅有所回落，4 月和 5 月均为 1.8%，为年内次低;之后，受食品和能源价格上涨推动，CPI 涨幅逐月扩大，在 9 月、10 月达到年内次高点 2.5%;年末随着能源价格下降，CPI 涨幅有所回落。全年各月同比涨幅呈不对称“M”形走势。

(二)部分生鲜食品价格由降转涨。食品价格由上年下降 1.4%转为上涨 1.8%，对 CPI 的影响从下拉 0.29 个百分点转为上拉 0.35 个百分点，是 CPI 涨幅扩大的主要原因。受年初雨雪及年中洪涝灾害影响，鲜菜价格由上年下降8.1%转为上涨7.1%。鸡蛋价格前期较低，2018年月度环比虽涨跌起伏，但全年同比由上年下降4.5%转为上涨13.0%。鸡肉价格由上年下降1.4%转为上涨5.8%。以上三项合计影响CPI上涨约0.27个百分点，而上年合计影响CPI下降约0.25个百分点。猪肉市场供应总体充足，受猪瘟疫情影响，全年价格下降8.1%，降幅比上年收窄0.7个百分点。其他食品价格涨跌互现。

(三)能源价格快速上涨。受国际市场价格波动影响，汽油和柴油价格波动较大，全年分别上涨12.9%和14.3%，涨幅比上年均有所扩大，合计影响CPI上涨约0.25个百分点。居民用煤价格上涨7.8%，液化石油气价格上涨7.6%。

(四)核心CPI涨幅回落。扣除食品和能源价格的核心CPI上涨1.9%，涨幅比上年回落0.3个百分点。受居民消费结构升级和劳动力成本上升等因素影响，全年服务价格上涨2.5%，但涨幅比上年回落0.5个百分点，是核心CPI涨幅回落的主要原因。其中，家庭服务、养老服务和医疗服务价格分别上涨5.6%、4.6%和4.3%，美容美发洗浴、旅游服务和教育服务价格分别上涨4.0%、3.3%和2.9%。

二、生产领域价格涨幅回落

(一)PPI月度同比涨幅呈前高后低走势。2018年，PPI比上年上涨3.5%，涨幅比上年回落2.8个百分点。分月来看，受翘尾因素影响，年初PPI同比涨幅较高，1月上涨4.3%，2月至4月，受PPI环比下降影响，同比涨幅有所回落。5月之后，受国际原油价格大幅度上涨等因素影响，PPI涨幅有所扩大，6月上涨至4.7%，为全年涨幅高点。下半年，随着翘尾因素逐月减少，加之国际原油价格大幅度回调影响，同比涨幅快速下滑至12月的0.9%，为2016年10月以来同比涨幅最低点。全年各月同比涨幅呈倒“N”形走势，大体上前高后低。

(二)生产资料价格上涨较多，生活资料价格走势平稳。生产资料价格比上年上涨4.6%，影响PPI上涨约3.42个百分点，是PPI上涨的主要原因。其中，采掘行业上涨8.8%，原材料行业上涨6.3%，加工行业上涨3.5%，生活资料价格上涨0.5%，影响PPI上涨约0.12个百分点，涨势相对平稳。总体上看，价格涨幅从上游到中下游行业逐渐递减，呈现出结构性上涨态势。

(三)多数行业价格上涨，重点行业价格涨幅回落。从调查的40个工业行业大类看，35个行业价格上涨，其中，11个行业涨幅扩大，22个行业涨幅回落。在重点行业中，煤炭开采和洗选业价格上涨4.6%，涨幅比上年回落23.6个百分点；黑色金属冶炼和压延加工业价格上涨9.3%，回落18.6个百分点；有色金属冶炼和压延加工业价格上涨3.3%，回落12.6个百分点。上述三大行业合计影响PPI涨幅回落约2.24个百分点，是PPI涨幅回落的主要原因。值得注意的是，12月，黑色金属冶炼和压延加工业价格同比下降2.7%，是2016年7月以来同比首次下降，而有色金属冶炼和压延加工业价格从9月起已连续4个月同比下降。此外，电力供应价格同比下降1.8%，降幅比上年扩大1.0个百分点；汽车整车制造价格下降0.1%，其中四季度同比下降0.3%。

(四)石油及相关行业价格波动较大。受国际原油价格变动影响，石油和天然气开采业价格同比涨幅从1月的12.4%，扩大到10月的42.8%，其后快速回落至12月的4.5%，全年平均上涨24.3%；石油、煤炭及其他燃料加工业价格同比涨幅从1月的10.8%，扩大到7月的24.6%，也快速回落至12月的5.7%，全年平均上涨16.0%。受此影响，下游化工产品同比涨幅也随之出现起落。

(资料来源：http://www.ce.cn/xwzx/gnsz/gdxw/201901/22/t20190122_31330453.shtml)

请根据以上资料思考以下问题：

1.什么是居民消费价格指数(CPI)?

2.居民消费价格指数是如何编制的?

3.如果居民消费价格指数下降，居民的购买力是否能提高?

§5.1 统计指数的概念与分类

§5.1.1 统计指数的概念

1.统计指数的产生与发展

统计指数的起源，产生于现实生活中一个非常有趣的问题。18世纪初，有一个英国主教费利特伍德在其著作《宝货事历》中记载了这样一个故事。1440—1460年，英国一个学院有这样一个规定："凡是接受奖学金的学生年收入不得超过5镑金币，因此，在接受奖学金时应该宣誓，如果收入超过了5镑金币，应该自动取消奖学金。"但到了1700年，有的学生收入远远超过了5镑金币，但仍然领取奖学金，原因是这期间的货币已经贬值，当时30镑金币所能购买的基本生活用品在1440—1460年5镑金币即可购买。因此，如果学生年收入不超过30镑金币领取奖学金仍属合理范围。在这里，学院选择的基本生活用品包括四种：谷物、肉类、饮料、布帛。其后，在1738年，法国的杜脱特在一个更大的范围内研究了货币贬值的问题。他把路易十二时期的收入与路易十五时期的收入进行了比较。虽然从货币上看路易十五时期要比路易十二时期多得多，然而他的结论是路易十五时期的实际境况要比路易十二时期差得多。为了说明这一问题，他列举了这两个时期的山羊、兔子、鸽子、干草四种产品每人每天的劳动单价进行比较，采用的公式是：$I=\frac{\sum P_1}{\sum P_0}$。其结论是路易十五时期的价格相当于路易十二时期的22倍。这种计算方式是统计指数的最早形式之一。

从上面的描述可以看出，统计指数的概念是于18世纪后半期从物价变动中产生的，距今已经有300多年的历史。对于一般商品，用现有的价格和原来的价格对比以反映价格变动的程度，这就是我们现在所说的个体价格指数。这就找到了反映一种商品物价指数的计算方法，这样计算的反映物价变动的相对数称为指数，这就是统计指数概念的起源。后来，统计指数的运用推广到反映多种商品价格变动以及经济领域的各个方面。因而统计指数的概念也扩展了，凡是反映动态的各种相对数都称为指数。最后，指数的概念又进一步扩展，不仅反映动态，而且还用于静态分析。但总的来讲，随着历史的发展，指数的概念、应用及理论也在发展。就目前而言，统计指数的概念有广义和狭义之分。从广义上讲，一切说明社会经济现象数量对比关系的相对数都是指数。它包括不同时间的同类现象、不同空间（地区、部门、单位）的同类现象以及实际与计划对比的相对数。从这个角度来说，动态相对数、比较相对数以及计划完成相对数都可以称为指数。

狭义的指数是一种特殊的相对数，即专指反映不能直接相加和对比的复杂社会经济现象综合变动程度的相对数。例如，零售物价指数，是说明全部零售商品价格总变动的相对数；工业产品产量指数，是说明一定范围内全部工业产品实物量总变动的相对数。统计指数理论主要是探讨复杂现象总体综合变动状况和对比关系。本章所述的指数，主要是指这种狭义概念的指数。

2.统计指数概念

综上所述，统计指数又称综合统计指数，是反映复杂社会经济现象综合变动程度的相对数。

§5.1.2 统计指数的分类

统计指数的种类根据研究的目的和任务的不同，可以划分为不同的种类。

1.个体指数和总指数

指数按其反映的对象范围不同，分为个体指数和总指数。

(1)个体指数

个体指数是反映单个事物的数量在不同时间上的变动程度的相对数，如个别产品的物量指数、个别商品的价格指数等。个体指数的计算方法比较简单，只要将报告期指标与基期指标相对比计算其发展速度即可。

个体物价指数

$$k_p=\frac{p_1}{p_0}$$

个体产品成本指数

$$k_z=\frac{z_1}{z_0}$$

个体产品产量指数

$$k_q=\frac{q_1}{q_0}$$

式中：p_0——基期产品单价；

p_1——报告期产品单价；

z_1——基期产品单位成本；

z_0——报告期产品单位成本；

q_1——基期产品产量；

q_2——报告期产品产量。

(2)总指数

所谓总指数，是反映多种不同的产品或商品的数量、成本、价格等现象在不同时间或不同空间上的总变动程度的一种特殊的相对数，它包括前面所讲的狭义指数。如工业总产量指数、消费品零售物价总指数等。总指数的计算形式有两种，即综合指数和平均数形式的指数。通过综合两个总量指标对比计算出来的指数称为综合指数，它是总指数的基本形式；后者是前者的变形。

另外，如多种产品的产量指数、成本指数和价格指数也都是总指数。此外，还有一种组指数(或称类指数)，它在总指数中通过分组来计算各个组的指数。组(类)指数从其范围上来讲，是介于总指数与个体指数之间的一种指数，其编制方法与总指数相同，只是其范围较小。例如，我国的零售物价总指数是由消费品类和农业生产资料类指数加权汇总编制的。其中，消费品类物价指数又分为食品类、衣着类、日用品类、文化娱乐用品类、书报杂志类、药及医疗用品类、燃料类和建筑材料类八个大类。

类指数有时可看成总指数，有些也起个体指数的作用。所以，从理论上来讲，类指数的计算与编制方法与总指数基本相同，实际工作中常常将总指数与类指数结合运用。

(3)总指数与个体指数之间的区别与联系

总指数与个体指数之间既有区别，又有联系。二者的区别在于总指数反映多种事物的变动，而个体指数只反映某一事物的变动。二者的联系在于总指数是个体指数的平均数，所以其数值总是介于最大的个体指数与最小的个体指数之间。

2.数量指标指数和质量指标指数

按照指数研究对象的不同性质，统计指数分为数量指标指数和质量指标指数。

(1)数量指标指数

数量指标指数(简称数量指数)，是反映数量指标变动的相对数，因而它往往是反映多种不能直接相加的数量指标在不同时间或空间等方面的变动程度，如销售量总指数、产品产量总指数等。

(2)质量指标指数

质量指标指数(简称质量指数)，是反映质量指标变动的相对数，因而它往往是反映多种不能直接相加的质量指标在不同时间或空间等方面的变动程度，如价格总指数、成本总指数等。不仅综合指数可以分为数量指标指数和质量指标指数，而且平均指数也可以分为数量指标指数和质量指标指数。

无论是数量指标指数的统计计算还是质量指标指数的统计计算，都需要选择恰当的同度量因素；一般情况下，计算数量指标指数时，选择相应的质量指标为同度量因素，计算质量指标指数时，选择相应的数量指标为同度量因素。

3.综合指数和平均数指数

按照总指数的计算与编制方法的不同，统计指数分为综合指数和平均数指数。这两种指数都属于总指数。

(1)综合指数

综合指数是通过两个总量指标在不同时间或不同空间对比计算出来的。

(2)平均数指数

平均指数则是个体指数的加权平均数。

有关这两类指数的具体编制方法将在本章第三节中详细介绍。另外，在统计分析中，为了分解加权算术平均数中指标水平变动和单位构成变动两个因素的影响，而将两个不同时期同一经济内容的加权算术平均数加以对比，就形成平均指标指数，其编制方法与综合指数基本相同。

4.时间指数和空间指数

按照对比内容的不同，统计指数分为时间指数和空间指数。

(1)时间指数

时间指数是指某种现象在不同时间的数值的比率。

(2)空间指数

空间指数则是指现象在两个不同地域的数值比率指标。例如，本年与上年相比的物价指数是时间指数，而本地与外地相比的物价指数则是空间指数。时间指数是统计指数的基本形式，空间指数则是时间指数的推广应用。

上述各种分类是从不同的角度对统计指数所作的一般分类，显然这些分类也可交叉进行复合分类，如在个体指数和总指数中再分别区分数量指标指数和质量指标指数，或再区分时间指数和空间指数，等等。

需要指出，在上述统计指数的诸概念和分类中，总指数和狭义指数并不等同，它们是两个内涵与外延均不相同的概念，应注意二者的区别和联系。虽然狭义指数都是总指数，但总指数却并不都是狭义指数。总指数中既包括全部个体不同度量的数量在不同时间或不同空间上的综合相对比率，也包括全部个体同度量的数量在不同时间或不同空间上的总相对比率。因此总指数中包含狭义指数。统计指数理论的核心就是总指数的编制问题，特别是狭义指数的编制问题。

§5.1.3 统计指数的性质与作用

1.统计指数的性质

统计指数是相对数，而且是一种特殊的相对数，其特殊的属性，表现为以下几个方面：

(1)比较性

指数是所研究总体的数量特征在某种条件下的"比较"，比较的结果以比率的形式表现出来，通常是以百分数来表示的。

(2)综合性

狭义指数不是反映一种事物的变动，而是综合反映多种事物构成的总体的变动，因此是一种综合性的指数。如股票价格指数是综合反映所有上市公司股票交易的价格变动，而不是某一上市公司股票价格的变动。

(3)平均性

由于各个个体的变动是参差不齐的，狭义指数所反映的总体的变动只能是一种平均意义上的变动，即表示各个个体变动的一般程度。例如，上海证券交易所当天与昨天相比股票价格指数上涨了1.5%，表示平均来说上海证券交易所挂牌交易的上市公司平均股票价格今天比昨天上涨了1.5%，但有的上市公司可能上涨了10%，也有的上市公司可能下跌了10%。

(4)代表性

指数是通过比较来反映总体在不同场合下综合的、平均的数量变化的，但是要将总体中的每一个个体的数量特征都包括在对比的指标值，有时却是困难的，甚至是不能的。比如，计算零售商品物价指数，按理应考虑所有零售商品的价格水平，但零售商品成千上万，无法将其全部包括在内进行指数计算，必须从中选择出若干种商品作为"代表"来计算。从这个意义上说，指数又是一个代表的数字。

2.统计指数的作用

统计指数的作用主要包括以下四个方面：

(1)综合反映复杂总体综合数量变动状况

通过指数可以解决现象的量不能直接相加、对比的问题，获得反映其一般水平的指标。这种反映包括三个方面：

①反映总体在数量上的变动程度；

②反映总体在数量上的变动方向；

③反映总体在数量上的这种变动所带来的绝对效果。

统计指数一般是用百分比表示的相对数。其值大于或小于100%反映经济现象的上升或下降的方向；比100%大多少或小多少，反映经济现象变动(上升或下降)程度的大小。例如，零售物价指数为115%，说明尽管各种商品的零售价格有涨有落，但总体来看零售物价上涨了15%。

(2)分析受多因素影响的现象的总变动中，各个因素的影响方向和影响程度

许多社会经济现象都是复杂现象，其变动受多种因素影响。例如，

$$商品销售额=商品销售量\times单位商品价格$$

以上公式表示商品销售额的变动受到商品销售量和商品价格两种因素的影响。对于这种

受到两种或两种以上因素影响的总体现象，可以利用统计指数从相对数和绝对数两方面分析各因素对总体的影响方向和影响程度。这种方面叫作因素分析法，将在本章第三节中介绍。

(3)研究经济现象的长期变动趋势

用连续编制的动态指数所形成的指数数列，可以反映、分析所研究总体某一数量特征的长期趋势。此方法特别适合于对比分析有联系而性质又不同的动态数列之间的变动关系，因为用指数的变动进行比较，可解决不同性质数列之间不能对比的困难。

(4)对经济现象进行综合评价和测定

随着指数法在实际应用中的发展，许多经济现象都可以运用统计指数进行综合评价和测定，以便对某种经济现象的水平作出综合的数量判断。例如，用综合经济动态指数评价一个地区、企业经济效益的高低；根据指数理论建立社会发展和国民经济运行的评价和预警系统等。

§5.2 综合指数的编制方法

指数方法论主要是研究总指数的计算问题。总指数的编制方法，其基本形式有两种：一是综合指数，二是平均数指数。两种方法有一定的联系，但各有其特点。本节将详细介绍综合指数的相关内容，而平均数指数的编制将在第三节内容中向大家作详述。

§5.2.1 综合指数的意义和特点

1.综合指数的概念

综合指数是总指数的基本形式，它是由两个总量指标对比形成的指数。凡是一个总量指标可以分解为两个或两个以上因素指标的乘积，将其中一个或一个以上的因素指标固定下来，仅观察其中一个因素指标的变动程度，这样的总指数就称为综合指数。

综合指数的重要意义，是它能够比较全面、准确地反映所研究的现象总体总的变动程度和随之产生的绝对数效果。

2.综合指数的特点

从综合指数的编制方法上看，它有以下几个特点：

(1)先综合后对比，即先解决现象总体中各个体由于使用价值不同、度量单位不同而不能直接加总的问题。为此，需要从现象的内在联系出发，确定与研究现象相联系的因素，使其称为同度量因素，从而将不能直接加总的指标过渡到能够相加和对比的指标，然后进行对比。例如，要观察两个不同时期商品总量的变化情况，由于不同商品的使用价值不同、度量单位各异，各种商品的数量不能直接相加。但如果把各种商品的数量转化为价值量，也就是把各种商品量乘以各自相应的价格，得到各自的价值量。马克思在《资本论》中说过：“作为使用价值，商品首先有质的差别；作为交换价值，商品只能有量的差别，因而不包含任何一个使用价值的原子。”这就是说，价值量是可以相加汇总的。这样，将两个时期总价值量进行对比，就可以计算综合指数。

(2)把总量指标中的同度量因素加以固定，以测定所要研究的因素，即指数化指标的变动程度。例如，如果我们要研究的是两个时期工资总额中各类职工人数数量的变动，就需要将两个时期各类职工的平均工资作为同度量因素固定在同一时期，以测定两个时期各类职工人数数量变动的情况。

(3)分子、分母所研究的范围原则上必须一致，所反映的现象变动程度应是所综合的资料范围内该现象的变动程度。例如，可以编制一个企业、一个地区、一个部门或全国的指数等，无论范围大小，分子、分母范围都应一致，并以全面资料为基础，因此，编制综合指数所采用的是全面调查资料，不存在抽样误差的问题。

§5.2.2 综合指数编制的原则和方法

综合指数的编制方法是编制总指数的基本方法。构成现象总体的因素大体可分为数量因素和质量因素，所以综合指数也就分为数量指标综合指数和质量指标综合指数。这两种综合指数编制的基本原理是一样的，只是在处理方法上略有不同。

先看一个例子。

例5－1

某商店三种畅销商品销售情况统计如下。

表5－1　　某商店三种畅销商品销售情况

商品名称	计量单位	价格		销售量		销售额(元)	
		基期(p_0)	报告期(p_1)	基期(q_0)	报告期(q_1)	基期(p_0q_0)	报告期(p_1q_1)
毛衣	件	200	250	200	100	40000	25000
西服	套	400	500	150	300	60000	150000
燃气灶	台	600	400	200	300	120000	120000
合计	—	—	—	—	—	220000	295000

根据以上资料可以很方便地计算出以下三种指数(总指数用 q 表示，个体指数用 k 表示)：

1.三种商品的销售量个体指数

根据销售量个体指数公式 $k_q=\frac{q_1}{q_0}$ 可得，结果见表5－2。

表 5－2　　三种商品的个体指数

商品名称	销售量个体指数	价格个体指数
毛衣	$k_q=\frac{q_1}{q_0}=\frac{100(\text{件})}{200(\text{件})}=50\%$	$k_p=\frac{p_1}{p_0}=\frac{250(\text{件})}{200(\text{件})}=125\%$
西服	$k_q=\frac{q_1}{q_0}=\frac{300(\text{件})}{150(\text{件})}=200\%$	$k_p=\frac{p_1}{p_0}=\frac{500(\text{件})}{400(\text{件})}=125\%$
燃气灶	$k_q=\frac{q_1}{q_0}=\frac{300(\text{件})}{200(\text{件})}=150\%$	$k_p=\frac{p_1}{p_0}=\frac{400(\text{件})}{600(\text{件})}=66.7\%$

表中计算结果表明:报告期与基期相比，三种商品的销售量有增有减，其中毛衣的销售量降低了 50％(＝100％－50％)，西服增加了 100％(＝200％－100％)，燃气灶增加了 50％(＝150％－100％)。

2.三种商品的价格个体指数

根据价格个体指数公式 $k_p=\frac{p_1}{p_0}$可得，结果见表 5－2。

表中计算结果表明:报告期与基期相比，三种商品的价格有升有降，其中毛衣的价格上升了 25％(＝125％－100％)，西服上升了 25％(＝125％－100％)，燃气灶下降了 33.3％(＝100％－66.7％)。

3.三种商品的销售额总指数

由于销售额是价值指标，其数值可以直接相加，因此，三种商品的销售额总指数即为报告期的销售总额与基期销售总额之比:

$$K_{pq}=\frac{\sum_{i=1}^{3}p_1q_1}{\sum_{i=1}^{3}p_0q_0}=\frac{295000(\text{元})}{220000(\text{元})}=134.1\%$$

$$\sum_{i=1}^{3}p_1q_1-\sum_{i=1}^{3}p_0q_0=295000-220000=75000(\text{元})$$

结果表示三种商品的销售总额报告期比基期增长了 34.1％，增长的绝对数额为 75000 元。

除了以上三种指数外，我们应该还可以计算出三种商品的销售量与价格的总变动指数。但由于三种商品的计量单位不同，其销售量与价格不能直接加总进行比较，这两种指数的计算还需要我们想办法来解决。

从例 5－1 可以看出，编制综合指数应解决的问题:综合指数是指研究社会经济现象总体总量的变动情况。若所考察的总体总量中的各个个体数量是同度量的，则可将这些同度量的个体数量直接相加得到总体总量，然后将两个不同时期或不同空间的总体总量对比，即可得到综合指数。

这样，无论是编制销售量总指数，还是编制价格总指数，首先都遇到一个相同的问题，即将不同度量的各个个体数值转化为同度量的数值，然后才能加总相对比得出总指数。各种商品的销售量或价格之所以不同度量，是由于各种商品数量均采用实物单位计量，不同性质的实物量，其计量单位也不同，要使其转化为同度量必须将其变为同一种计量单位，在这时显然价值单位就是合适的统一单位，故可统一化为价值计量单位。这样，就可以将各种商品的实物量乘以价格转化为各种商品的销售额进行加总对比计算销售量总指数，或者将各种商品的价格乘以销售量同样也转化为各种商品销售额进行加总对比计算价格总指数。

1.数量指标综合指数

首先我们来解决从总体上看三种商品的销售量是如何变动的这一问题，即如何编制数量指标综合指数。

对于不能直接加总对比的现象称为不同度量现象。要编制数量指标综合指数必须解决以下两个问题：

第一，确定同度量因素，使不能直接相加的量过渡到可以相加。

上例中各指标间存在这样的关系：

价格×销售量＝销售额

用符号表示为：

$$p \times q = pq$$

由于销售额是可以直接相加的量，因此可以考虑将销售量与价格相乘转化为销售额。此时，将要计算指数的销售量指标称为指数化因素，即是指指数所要反映、研究的总体在某一方面的数量特征。而价格指标称为同度量因素，即是指在总指数计算时，为解决总体的构成单位及其数量特征不能直接加总(不能同度量)的问题而使用的一个媒介因素或转化因素，其作用有两个：

(1)同度量作用：使不能加总的量过渡到可以相加。

(2)权数作用：在形成总指数过程中对总指数的大小有权衡轻重的作用。

第二，要反映复杂现象总体中指数化因素的变动，就需要将相应的同度量因素固定在同一时期，即：

$$Kq = \frac{\sum pq_1}{\sum pq_0}$$

式中：Kq 表示销售量总指数；

q_1 表示报告期销售量；

q_0 表示基期销售量；

p 表示某一时期价格。

这一公式中，虽然分子、分母是销售额在进行比较，但由于将价格 p 固定在了某一时期，因此价格并没有发生变动，而只是销售量在发生变动，从而可以反映销售量的总变动。使用不同时期的价格作同度量因素会得到不同的结果，具有不同的经济内容。

(1)以基期价格(p_0)为同度量因素的数量指标综合指数

其公式为:

$$Kq=\frac{\sum p_0q_1}{\sum p_0q_0}$$

此公式是1864年由德国经济学家埃蒂恩·拉斯贝尔(Etienne Laspeyres)提出的,故称为拉氏物量指数公式。其计算结果说明,在基期价格水平下,销售量的综合变动程度。分子、分母相减的差额($\sum p_0q_1-\sum p_0q_0$)说明由于商品销售量变动对销售额绝对数值的影响。

例5—1中的销售量总指数的计算见表5—3。

表5—3　　销售量总指数计算

商品名称	计量单位	价格		销售量		销售额(元)		假定的销售额(元)	
		p_0	p_1	q_0	q_1	p_0q_0	p_1q_1	p_0q_1	p_1q_0
毛衣	件	200	250	200	100	40000	25000	20000	50000
西服	套	400	500	150	300	60000	150000	120000	75000
燃气灶	台	600	400	200	300	120000	120000	180000	80000
合计	—	—	—	—	—	220000	295000	320000	205000

$$Kq=\frac{\sum p_0q_1}{\sum p_0q_0}=\frac{320000}{220000}=145.5\%$$

$$\sum p_0q_1-\sum p_0q_0=320000-220000=100000(元)$$

计算结果表明,三种商品的销售量报告期比基期平均增长了45.5%,由于销售量的增长使销售额增加了100000元。

(2)以报告期价格(p_1)为同度量因素的数量指标综合指数

其公式为:

$$Kq=\frac{\sum p_1q_1}{\sum p_1q_0}$$

此公式是1874年德国经济学家哈曼·派许(Herman Paasche)提出的,故称派氏物量指数公式。其计算结果说明,在报告期价格水平下,销售量的综合变动程度。分子、分母相减的差额($\sum p_1q_1-\sum p_1q_0$)说明由于商品销售量变动对销售额绝对数值的影响。

根据表5—3中的计算结果,例5—1中:

$$Kq=\frac{\sum p_1q_1}{\sum p_1q_0}=\frac{295000}{205000}=143.9\%$$

$$\sum p_1q_1-\sum p_1q_0=295000-205000=90000(元)$$

计算结果表明,三种商品的销售量报告期比基期平均增长了43.9%,由于销售量的增长使销售额增加了90000元。

从上面两个指数公式来看,它们均是两个价值指标之比,但由于把销售价格固定下来,因此指数所反映的只是在一定销售价格条件下各种商品销售量的综合变动程度。

在计算数量指标综合指数时，究竟选择哪一个公式来进行计算呢？即同度量因素究竟固定在哪一个时期呢？这是一个十分重要的问题，应根据指数的经济含义来确定。计算商品销售量指数的目的，是测定各种商品销售量的总变动情况，因此，计算时应尽量排除价格变动的影响。用派氏物量指数公式计算得到的销售量指数是按报告期价格计算的，实际上已经包含了价格的变动，因此，其指数值与计算该指数的目的不相吻合。而拉氏物量指数公式是将价格固定在基期，也就是假定价格未发生变动，使销售量指数在计算过程中不受价格变动的影响，从而可以确切地只反映销售量的变化。由此可见，计算销售量综合指数时应选用拉氏物量指数公式。

前面我们用销售额、销售量、价格三者的关系举例说明如何编制数量指标综合指数，推而广之，可用 p 表示质量指标，q 表示数量指标，从而可得数量指标综合指数的计算公式为：

$$Kq=\frac{\sum p_0q_1}{\sum p_0q_0}$$

式中：Kq 表示数量指标综合指数；

p_0 表示基期质量指标；

q_1 表示报告期数量指标；

q_0 表示基期数量指标。

综上所述，编制数量指标综合指数的一般原则是采用基期的质量指标作同度量因素。这一原则有两层含义：一是编制数量指标指数应以质量指标作同度量因素；二是将同度量因素固定在基期。

2.质量指标综合指数

我们用商品价格指数为例来说明质量指数综合指数的编制方面。仍使用例 5－1 中表 5－1 的数据。

在表 5－2 中已经计算出了三种商品的价格个体指数，结果说明，报告期与基期相比，三种商品的价格有升有降，其中毛衣和西服的价格都上升了 25％，燃气灶价格下降了 33.3％。现在想要知道三种商品价格总的变动情况，即可计算价格总指数。由于三种商品的计量单位不同且价格不能直接相加与对比，因此与数量指数综合指数的编制原理相同，商品价格综合指数要以商品销售量作为同度量因素，将各种商品的价格分别乘以各自的销售量，得到可以加总的销售额来进行对比。这时将销售量这一因素固定，以观察价格因素的变化。其一般公式为：

$$Kp=\frac{\sum p_1q}{\sum p_0q}$$

式中：Kp 表示价格总指数；

p_1 表示报告期价格；

p_0 表示基期价格；

q 表示某一时期销售量。

为了反映指数化因素——价格的变动程度，同度量因素——销售量必须固定在同一时期。使用不同时期的销售量作同度量因素会得到不同的结果，具有不同的经济内容。

(1)以基期销售量(p_0)为同度量因素的质量指标综合指数

其公式为：

$$Kp=\frac{\sum p_1q_0}{\sum p_0q_0}$$

此公式是在 1864 年由德国经济学家拉斯贝尔提出的，故称为拉氏价格指数公式。其计算结果说明:在基期销售量水平的条件下，商品价格的综合变动程度；分子分母相减的差额($\sum p_1q_0-\sum p_0q_0$)说明由于商品价格变动对销售额绝对数值的影响。

例 5－1 中，根据表 5－3 中的数据可得，三种商品的价格总指数为：

$$Kp=\frac{\sum p_1q_0}{\sum p_0q_0}=\frac{205000}{220000}=93.2\%$$

$$\sum p_1q_0-\sum p_0q_0=205000-220000=-15000(\text{元})$$

计算结果表明，三种商品的价格报告期比基期平均下降了 6.8%，由于价格的下降使销售额减少了 15000 元。

(2)以报告期销售量(q_1)为同度量因素的质量指标综合指数

其公式为：

$$Kp=\frac{\sum p_1q_1}{\sum p_0q_1}$$

此公式是 1874 年由德国经济学家哈曼·派许提出的，故称派氏价格指数公式。其计算结果说明在报告期销售量水平下，销售量的综合变动程度；分子、分母相减的差额($\sum p_1q_1-\sum p_0q_1$)说明由于商品价格变动对销售额绝对数值的影响。

例 5－1 中，根据表 5－3 中的数据可得，三种商品的价格总指数为：

$$Kp=\frac{\sum p_1q_1}{\sum p_0q_1}=\frac{295000}{320000}=92.2\%$$

$$\sum p_1q_1-\sum p_0q_1=295000-320000=-25000(\text{元})$$

计算结果表明，三种商品的价格报告期比基期平均下降了 7.8%，由于价格的下降使销售额减少了 25000 元。

同样，在计算数量指标综合指数时，究竟选择哪一个公式来进行计算呢？这要根据研究对象和研究目的而定。在实际工作中，通常是把同度量因素即销售量固定在报告期，即选用派氏质量指标指数公式：

$$Kp=\frac{\sum p_1q_1}{\sum p_0q_1}$$

式中：Kp 表示质量指标综合指数；

p_0 表示基期质量指标；

p_1 表示报告期质量指标；

q_1 表示报告期数量指标。

综上所述，编制质量指标综合指数的一般原则是采用报告期的数量指标作同度量因素。这一原则有两层含义：一是编制质量指标指数应以数量指标作同度量因素；二是将同度量因素固定在报告期。

3.综合指数的同度量因素

同度量因素是在计算综合指数时，为解决总体中各个个体不能直接相加的媒介因素，它使不能直接相加的指标过渡到能够相加。选择同度量因素指标的主要原则是，根据现象之间的经济联系，用与指数化因素有相互联系的指标作为同度量因素。例如，在“工资总额＝员工人数×平均工资”这一经济关系中，若要反映员工人数的变动，则以平均工资为同度量因素；若要反映平均工资的变动，则以员工人数为同度量因素。

在确定了同度量因素以后，如何选择同度量因素所在的时期，成为计算综合指数的关键。在选择时，一般应该遵循以下三条原则：

(1)从指数本身的经济意义考虑

在前面的例 5－1 中，销售量总指数计算公式中的拉氏物量指数公式用基期价格作同度量因素，这样计算出的综合指数，不含价格因素的影响，与原指数本身所要反映的社会经济现象的现实经济意义相符合，因而是合理的。

(2)从指数体系的要求考虑

指数方法既可以单独编制数量指数综合指数和质量指标综合指数，以独立地研究经济现象，又可以把几个经济上有联系、数量上有关系的指数组成指数体系，以分别测定各因素指数对总指数的影响，这就是下一节将要介绍的因素分析法。此时对各因素指数的同度量因素所属时期就有一定的要求。例如，在两因素的指数体系中，要保持数量上的对等关系，其中一个因素指数的同度量因素固定在基期，则另一个因素指数的同度量因素就必须固定在报告期。比如，在“商品销售额＝价格×销售量”这一经济联系中，在因素分析时有“销售额指数＝价格指数×销售量指数”这一等式关系，要保证这一等式的成立，当销售量指数的同度量因素(价格)固定在基期时，价格指数的同度量因素(销售量)就必须固定在报告期，否则，指数体系间的联系就被破坏了，不便进行现象的因素分析。

(3)从实际应用方面考虑

有些计算方法从理论上看优点很多，但是在实际中却常常行不通，或是很难取得资料。例如将同度量因素固定在报告期的价格指数，必须取得报告期各种商品的销售量，但往往这些资料很难取得。所以有时也不得不考虑采用其他方法，如可以采用基期资料。在实际应用中，还要根据研究目的确定同度量因素的时期。例如，计算历年的一系列销售量指数时，就一个指数来说，两个时期的价格是相同的，但就若干个环比指数来说，由于基期的改变，各个时期的价格又是不相同的，因而不便比较，计算和应用也不方便，此时常采用不变价格作为同度量因素。

综上所述，一般来说，编制数量指标综合指数，采用质量指标作同度量因素且固定在基期，即用拉氏物量指数公式；编制质量指标综合指数，采用数量指标作同度量因素且固定在报告期，即用派氏价格指数公式。但在实际编制时，要注意根据研究对象的不同情况及分析任务的不同要求来具体加以确定。

§5.3 平均数指数的应用

§5.3.1 平均数指数的含义

平均数指数是计算总指数的另一种形式，它是在个体指数的基础上计算总指数。在解决复杂总体各组成要素不能直接相加与综合的问题上，平均数指数与综合指数是不同的。平均数指数是个体指数的加权平均数，它是先计算个体指数，然后将个体指数加权平均而计算的总指数。平均数指数和综合指数是计算总指数的两种形式，它们之间既有区别，又有联系。

从区别上看：

①在解决复杂总体不能直接同度量问题的思想不同。综合指数是通过引进同度量因素，先计算出总体的总量，然后进行对比，即先综合，后对比。而平均数指数是在个体指数的基础上计算总指数，即先对比，后综合。

②在运用资料的条件上不同。综合指数需要研究总体的全面资料，起综合作用的同度量因素的资料要求比较严格，一般应采用与指数化指标有明确经济联系的指标，且应有一一对应的全面实际资料，如计算产品实物量综合指数，必须一一掌握各产品的实际价格资料。平均数指数则既适用于全面的资料，也适用于非全面的资料。

③在经济分析中的具体作用亦有区别。综合指数的资料是总体的有明确的经济内容的总量指标。因此，总指数除可表明复杂总体的变动方向和程度外，还可从指数化指标变动的绝对效果上进行因素分析。平均数指数除作为综合指数变形加以应用的情况外，一般只能通过总指数表明复杂总体的变动方向和程度，而不能用于对现象进行因素分析。

平均数指数和综合指数的联系主要表现为在一定的权数条件下，两类指数间有变形关系。由于这种变形关系的存在，当掌握的资料不能直接用综合指数形式计算时，则可以用平均数指数形式计算，这种条件下的平均数指数与其相应的综合指数具有完全相同的经济意义和计算结果。

§5.3.2 平均数指数的计算

编制平均数指数时，往往是计算该指标的个体指数，再用某个总量指标进行加权平均。

1.加权算术平均数指数

加权算术平均数指数是对个体指数采用加权算术平均方法计算的总指数，通常用于计算数量指标指数。

根据前面对指数的定义，数量指标个体指数为：

$$k_q=\frac{q_1}{q_0}$$

则拉氏物量指数公式可变形为：

$$Kq=\frac{\sum p_0q_1}{\sum p_0q_0}=\frac{\sum \frac{q_1}{q_0}p_0q_0}{\sum p_0q_0}=\frac{\sum k_qp_0q_0}{\sum p_0q_0}$$

上式中，p_0q_0 是与销售量个体指数 k_q 相对应的基期商品销售额。此公式与加权算术平均数的公式类似，其中 k_q 是所要平均的变量，p_0q_0 是权数，因此这种计算总指数的方法称为加权算术平均数指数。

在用拉氏综合指数公式计算商品销售量指数时，必须计算一个假定的销售额，即 p_0q_1。而要取得这样的资料在实际编制时往往比较困难。加权算术平均数指数在计算时，只要掌握每种单项商品的销售量个体指数与其基期的销售额即可进行计算。

将表 5－1 中的资料改为表 5－4 的内容，计算三种商品的销售量指数。

表 5－4　　某商店三种畅销商品销售情况

商品名称	计量单位	销售量个体指数 $k_q=\frac{q_1}{q_0}\%$	基期销售额(元)(p_0q_0)	$k_qp_0q_0$
毛衣	件	50	40000	20000
西服	套	200	60000	120000
燃气灶	台	150	120000	180000
合计	—	—	220000	320000

由上表数据可得，销售量总指数为：

$$Kq=\frac{\sum k_qp_0q_0}{\sum p_0q_0}=\frac{320000}{220000}=145.5\%$$

绝对额变动为：

$$\sum k_qp_0q_0-\sum p_0q_0=320000-220000=100000(\text{元})$$

2.加权调和平均数指数

加权调和平均数指数是对个体指数用加权调和平均方法计算的总指数。与加权算术平均数指数相类似，加权调和平均数指数的权数也是与个体指数对应的价值总额，它通常用于计算质量指标指数(物价指数)。

根据前面的分析，质量指数个体指数为：

$$k_p=\frac{p_1}{p_0}$$

则派氏质量指标指数公式可变形为：

$$K_p=\frac{\sum p_1q_1}{\sum p_0q_1}=\frac{\sum p_1q_1}{\sum\frac{p_0}{p_1}p_1q_1}=\frac{\sum p_1q_1}{\sum\frac{1}{k_p}p_1q_1}$$

上式中，p_1q_1 是与价格个体指数 k_p 相对应的报告期商品销售额。此公式与加权调和平均数的公式类似，其中 k_p 是所要平均的变量，p_1q_1 是权数，因此这种计算总指数的方法称为加权调和平均数指数。

在用派氏综合指数公式计算商品价格指数时，必须计算一个假定的销售额，即 $\sum p_0q_1$。这种资料在实际编制时往往难于取得。加权调和平均数指数在计算时，只要掌握每种单项商品的价格个体指数与其报告期的销售额即可进行计算。

同样将表 5—1 中的资料改成表 5—5 的内容，计算三种商品的价格指数。

表 5—5　　某商店三种畅销商品销售情况

商品名称	计量单位	价格个体指数 $k_p=\frac{p_1}{p_0}\%$	报告期销售额(元)(p_1q_1)	$\frac{p_1q_1}{k_p}$
毛衣	件	125	25000	20000
西服	套	125	150000	120000
燃气灶	台	66.7	120000	180000
合计	—	—	295000	320000

由上表资料可得，三种商品的价格总指数为：

$$Kq=\frac{\sum p_1q_1}{\sum\frac{1}{k_p}p_1q_1}=\frac{295000}{320000}=92.2\%$$

绝对额变动为：

$$\sum p_1q_1-\sum\frac{1}{k_p}p_1q_1=295000-320000=-25000(\text{元})$$

由此可见，在一定条件下，加权算术平均数指数和加权调和平均数指数分别是拉氏物量指数和派氏质量指标指数变形而来，即平均数指数是综合指数的变形，且其经济含义与综合指数一致，计算结果也相同，若有误差，也是由于计算中的四舍五入的近似计算引起的。

§5.3.3 平均数指数的应用

平均数指数也是编制总指数的一种重要形式，在一定的权数条件下和综合指数存在变形关系。平均数指数有它独立的应用意义。平均数指数和综合指数比较有两个重要特点：

①综合指数主要适用于全面资料编制，而平均数指数既可以依据全面资料编制，也可以依据非全面资料编制；

②综合指数一般采用实际资料做权数编制，平均数指数在编制时，除了用实际资料作权

数外，也可以用估算的资料作权数。

固定权数的平均数指数在国内外实践中得到广泛的使用。在平均数指数公式中所使用的权数可以采用各种有关的抽样调查资料，用相对数(比重)的形式固定下来，长期使用，因此具有广泛的应用价值。在实际应用中常常使用固定权数的加权算术平均数指数。

固定权数就是用某一时期的、经过调整后的权数资料，以比重的形式固定下来作为权数，通常用字母 W 表示。这一权数与 p_0q_0 的口径、范围可能不一致，时期也可能不一致。固定权数算术平均数指数的计算公式为：

$$K=\frac{\sum KW}{\sum W}$$

上式中，K 表示总指数，K 表示个体指数或类指数，W 表示权数。

目前，我国编制的零售物价指数、工业品出厂价格指数等采用的即是这种计算方法。此方法要求分别计算出个体指数、类指数和总指数，因此要分层在确定权数，且各层权数之和都等于 100%或 1000‰。其方法参见表 5－6 中零售物价指数的计算。

表 5－6　　某商场商品价格资料

商品类别	个体指数 K(%)	商品权数 W(%)	大类指数 $K=\frac{\sum KW}{\sum W}$(%)	大类权数 W	KW
粮食类			107.6	24	2582.4
大米	110	80			
面粉	98	20			
食品类			108	29	3132.0
衣着类			106	23	2438.0
日用品类			103	13	1339.0
医药类			102	6	612.0
燃料类			105	5	525.0
合计	—	—		100	10628.4

此商场的零售物价指数为：

$$K_p=\frac{\sum KW}{\sum W}=\frac{10628.4\%}{100}=106.28\%$$

结果说明，该商场所有商品的价格报告期比基期平均上涨了 6.28%。

§5.3.4 统计指数体系和因素分析

1.统计指数体系的含义

统计所研究的总体数量特征包括许多方面，它们之间往往存在着客观的、必然的联系。例如，

商品销售额＝商品销售价格×商品销售量

农作物总产量＝平均亩产×种植面积

原材料费用总额＝单位原材料价格×单位产品原材料消耗量×产品产量

以上经济方程等式表达出总体数量之间的内在必然联系，通常是一个总量表现为质量指标与数量指标的乘积。同时此等式可视为等式左边的总量受到了等式右边各种因素的影响，而这些等式是从静态上来反映经济联系的。若从动态上来看，各动态指标之间也同样存在着联系，这种联系表现为指数之间的关系，即：

商品销售额指数＝商品销售价格指数×商品销售量指数

农作物总产量指数＝平均亩产指数×种植面积指数

原材料费用总额指数＝单位原材料价格指数×单位产品原材料消耗量指数×产品产量指数

像上述这样，由三个或三个以上具有内在联系的指数构成一定数量对等关系的整体叫作指数体系。

指数体系不仅可以表现为积商关系，还可以表现为和差关系。例如，

商品销售额的实际增减额＝商品销售价格增减变动的影响额＋商品销售量增减变动的影响额

2.统计指数体系建立的基本要求

指数体系并不是我们通过主观想象而建立起来的，它的形成是由现象之间客观存在的关系所决定的。组成指数体系的指数必须满足两个基本要求：

第一，各因素指数的乘积等于总变动指数；

第二，各因素指数分子、分母差额的总和，等于总量指数实际发生的总差额。

3.统计指数体系的作用

统计指数体系在指数分析中具有重要作用，具体如下：

第一，根据指数体系，可以进行指数之间的相互推算。比如在前面有关商品销售额的例子中有：

$$K_{pq}=K_{p}-K_{q}$$

在这个指数体系中，若已知其中任何两个指数，则可以直接根据此关系式推算出第三个指数值。

第二，指数体系是计算总指数时选择和确定同度量因素指标属性和时期的重要依据。根据指数体系的要求，指数化因素和同度量因素的指标属性应该是不同的。例如，在由商品销售额、销售价格、销售量变动构成的指数体系中，销售价格指数和销售量指数的属性不同，而且在同一指数体系中，它们的同度量因素指标属性也不同，所选择的时期也不一样，只有这样，才能保证指数体系的完整。

第三，指数体系是因素分析的基础。对所研究总体某一数量特征进行分析，可以将这一数量特征视为其影响因素共同作用的结果，且其间的联系可以表现为一定的经济方程(如销售额指数＝商品销售价格指数×商品销售量指数)。这种若干个因素的共同作用，恰恰可以

通过指数体系来具体体现出来。

4.统计指数体系的因素分析

因素分析是以综合指数的编制原理为依据，以指数体系为基础，分析在受多因素影响的总体某一数量特征总的变动中，各个因素变动的影响方向、程度和效果的方法。

因素分析的基本依据是指数体系。根据因素分析中所包含因素的多少，可以分为两因素分析和多因素分析(两个以上因素)；按分析指标的种类，分为总量指标的因素分析和平均指标的因素分析。

(1)总量指标的因素分析

总量指标的因素分析是指分析对象是由多个因素组成的总量指标。分析的目的是要分别测定这些因素的变动对总变动的影响程度及影响的绝对数值。在此，我们只研究两因素分析。

设 p 代表质量指标，q 代表数量指标，pq 代表总量指标，则有：

$$pq = p \times q$$

指数体系为：

$$K_{pq} = K_p - K_q$$

即：

$$\frac{\sum p_1 q_1}{\sum p_0 q_0} = \frac{\sum p_1 q_1}{\sum p_0 q_1} \times \frac{\sum p_0 q_1}{\sum p_0 q_0}$$

绝对额变动为：

$$\sum p_1 q_1 - \sum p_0 q_0 = (\sum p_1 q_1 - \sum p_0 q_1) + (\sum p_0 q_1 - \sum p_0 q_0)$$

如在前面销售额的例子中，其含义为：

商品销售额增加数＝由于商品价格变动所产生的销售额增加数＋由于商品销售量变动所产生的销售额增加数

上式中的增加数都是代数的增加，可以为正，也可以为负。

作为综合指数变形使用的平均数指数之间也存在着指数体系关系。其公式如下：

$$\frac{\sum p_1 q_1}{\sum p_0 q_0} = \frac{\sum p_1 q_1}{\sum \frac{p_1 q_1}{k_p}} \times \frac{\sum k_q p_0 q_0}{\sum p_0 q_0}$$

各指数所代表的绝对额变动之间的数量对等关系为：

$$\sum p_1 q_1 - \sum p_0 q_0 = (\sum p_1 q_1 - \sum \frac{p_1 q_1}{k_p}) + (\sum k_q p_0 q_0 - \sum p_0 q_0)$$

例 5－2

设某企业产品产量和价格资料如表 5－7 所示，分析产品价格和产量对该企业产值的影响情况。

表 5－7　　　　某企业产品价格和产量资料

产品名称	计量单位	价格		产量		产值(元)		
		基期 (p_0)	报告期 (p_1)	基期 (q_0)	报告期 (q_1)	基期 (p_0q_0)	假定的 (p_0q_1)	报告期 (p_1q_1)
甲	吨	2000	1800	100	150	200000	300000	270000
乙	件	500	550	400	600	200000	300000	330000
丙	台	1000	800	300	400	300000	400000	320000
合计	—	—	—	—	—	700000	1000000	920000

由表中数据可得：

产值指数：

$$K_{pq}=\frac{\sum p_1q_1}{\sum p_0q_0}=\frac{920000}{700000}=131.43\%$$

产值增加额：

$$\sum p_1q_1-\sum p_0q_0=920000-700000=220000(\text{元})$$

价格指数：

$$K_{pq}=\frac{\sum p_1q_1}{\sum p_0q_1}=\frac{920000}{1000000}=92\%$$

由于价格上升而引起的产值增加额：

$$\sum p_1q_1-\sum p_0q_1=920000-1000000=-8000(\text{元})$$

产量指数：

$$K_{pq}=\frac{\sum p_0q_1}{\sum p_0q_0}=\frac{1000000}{700000}=142.86\%$$

由于产量增加而引起的产值增加额：

$$\sum p_0q_1-\sum p_0q_0=1000000-700000=300000(\text{元})$$

产值与产品价格、产量之间数值变动的关系为：

$$131.43\%=92\%\times142.86\%$$

$$220000(\text{元})=-80000(\text{元})+300000(\text{元})$$

计算结果表明，该企业三种产品的产值报告期比基期总的增长了 31.43%，增加的绝对额为 220000 元，其中，由于三种产品的价格平均下降了 8%，使企业总产值减少了 80000 元；由于三种产品的产量平均上涨了 42.86%，使企业总产值增加了 300000 元。

(2)平均指标的因素分析

同一总体的两个不同时期的平均指标进行对比所得的相对数称为平均指标指数。平均指标指数的一般公式为：

$$K=\frac{\bar{X}_1}{\bar{X}_0}$$

式中，X_1 表示报告期平均指标数值；

X_0 表示基期平均指标数值。

常见的平均指标对比指数有平均工资指数、平均劳动生产率指数、平均单位成本指数等。

当平均指标用加权算术平均数公式计算时，则平均指标指数的计算公式为：

$$k=\frac{\bar{x}_1}{\bar{x}_0}=\frac{\dfrac{\sum x_1 f_1}{\sum f_1}}{\dfrac{\sum x_0 f_0}{\sum f_0}}$$

或：

$$k=\frac{\bar{x}_1}{\bar{x}_0}=\frac{\sum x_1 \dfrac{f_1}{\sum f_1}}{\sum x_0 \dfrac{f_0}{\sum f_0}}$$

根据对平均指标的分析，在分组条件下，平均指标值受到各组平均数值的大小和各组次数或各组次数在总体中所占比重大小这两个因素的影响，因此平均指标指数所反映的变动程度，也包括两个因素的影响，即平均的经济指标变动的影响和总体内部单位数结构变动的影响。从而可利用因素分析法对平均指标指数进行分析。

在平均指标指数中，以什么为同度量因素的问题，可由加权算术平均数的公式予以确定，即变量(x)与权数(f)互为同度量因素。那么如何确定同度量因素所在的时期呢？在此，每组次数在总体单位变量中所占比重($\frac{f}{\sum f}$)，虽然是以相对指标表示，其实质还是数量指标，从而所研究变量(x)就是质量指标。

为了分析各组水平变动与总体内部结构变动对平均指标变动的影响，需要分别计算三个指数，即可变构成指数、固定构成指数和结构影响指数。

①可变构成指数($k_{可变}$)

$$k_{可变}=\frac{\bar{x}_1}{\bar{x}_0}=\frac{\sum x_1 \dfrac{f_1}{\sum f_1}}{\sum x_0 \dfrac{f_0}{\sum f_0}}$$

可变构成指数反映了不同时期总体平均数的变动程度，它受到组平均水平变动和总体结构变动的影响。

②固定构成指数($k_{固定}$)

$$k_{固定}=\frac{\bar{x}_1}{\bar{x}_n}=\frac{\sum x_1 \dfrac{f_1}{\sum f_1}}{\sum x_0 \dfrac{f_1}{\sum f_1}}$$

固定构成指数主要反映组平均水平变动对总平均数变动的影响程度。

③结构影响指数($k_{结构}$)

$$k_{结构}=\frac{\bar{x}_n}{\bar{x}_0}=\frac{\sum x_0\frac{f_1}{\sum f_1}}{\sum x_0\frac{f_0}{\sum f_0}}$$

结构影响指数主要反映总体构成变动对总平均数变动的影响程度。

由此，以上三种指数形成了对平均指标指数进行因素分析的指数体系，其数量关系为：

可变构成指数($k_{可变}$)=固定构成指数($k_{固定}$)×结构影响指数($k_{结构}$)

即：
$$\frac{\sum x_1\frac{f_1}{\sum f_1}}{\sum x_0\frac{f_0}{\sum f_0}}=\frac{\sum x_1\frac{f_1}{\sum f_1}}{\sum x_0\frac{f_1}{\sum f_1}}\times\frac{\sum x_0\frac{f_1}{\sum f_1}}{\sum x_0\frac{f_0}{\sum f_0}}$$

$$\sum x_1\frac{f_1}{\sum f_1}-\sum x_0\frac{f_0}{\sum f_0}=(\sum x_1\frac{f_1}{\sum f_1}-\sum x_0\frac{f_1}{\sum f_1})+(\sum x_0\frac{f_1}{\sum f_1}-\sum x_0\frac{f_0}{\sum f_0})$$

或：
$$\frac{\frac{\sum x_1f_1}{\sum f_1}}{\frac{\sum x_0f_0}{\sum f_0}}=\frac{\frac{\sum x_1f_1}{\sum f_1}}{\frac{\sum x_0f_1}{\sum f_1}}\times\frac{\frac{\sum x_0f_1}{\sum f_1}}{\frac{\sum x_0f_0}{\sum f_0}}$$

$$\frac{\sum x_1f_1}{\sum f_1}-\frac{\sum x_0f_0}{\sum f_0}=(\frac{\sum x_1f_1}{\sum f_1}-\frac{\sum x_0f_1}{\sum f_1})+(\frac{\sum x_0f_1}{\sum f_1}-\frac{\sum x_0f_0}{\sum f_0})$$

下面以例子来说明对平均指标指数进行因素分析的过程。

例 5—3

某企业员工工资水平资料统计如下。

表 5—8　　　　**某企业员工工资水平资料**

组别	月平均工资(元/人)		员工数(人)		工资总额(元)		
	基期 (x_0)	报告期 (x_1)	基期 (f_0)	报告期 (f_1)	基期 (x_0f_0)	报告期 (x_1f_1)	假定的 (x_0f_1)
技术人员	3000	3050	80	75	240000	228750	225000
管理人员	2600	2640	40	90	104000	237600	234000
合计	2867	2826	120	165	344000	466350	459000

根据表 5—8 中的数据可得：

可变构成指数为：

$$k_{可变}=\frac{\frac{\sum x_1f_1}{\sum f_1}}{\frac{\sum x_0f_0}{\sum f_0}}=\frac{\frac{466350}{165}}{\frac{344000}{120}}=\frac{2826}{2867}=98.56\%$$

$$\frac{\sum x_1 f_1}{\sum f_1}-\frac{\sum x_0 f_0}{\sum f_0}=2826-2867=-41(\text{元})$$

结果说明该企业员工的平均工资下降了1.43%，下降的绝对额为41元。但从资料中可以看出，技术人员和管理人员的平均工资都有所增加，为什么会出现这种结果呢？要回答这个问题就需要对影响企业总平均工资变动的各因素进行分析。为此，需要计算固定构成指数和结构影响指数，借以分析不同类别员工平均工资变动和企业员工构成(人数变化)对企业总平均工资的影响。

固定构成指数为：

$$k_{\text{固定}}=\frac{\dfrac{\sum x_1 f_1}{\sum f_1}}{\dfrac{\sum x_0 f_1}{\sum f_1}}=\frac{\dfrac{466350}{165}}{\dfrac{459000}{165}}=\frac{2826}{2782}=101.58\%$$

$$\frac{\sum x_1 f_1}{\sum f_1}-\frac{\sum x_0 f_1}{\sum f_1}=2826-2782=44(\text{元})$$

结果说明，在假定员工结构固定在报告期的条件下，由于不同类别员工平均工资的提高，使结构影响指数为:报告期企业总平均工资比基期上升了1.58%，上升的绝对额为44元。

$$k_{\text{结构}}=\frac{\dfrac{\sum x_0 f_1}{\sum f_1}}{\dfrac{\sum x_0 f_0}{\sum f_0}}=\frac{\dfrac{344000}{165}}{\dfrac{459000}{120}}=\frac{2782}{2867}=97.04\%$$

$$\frac{\sum x_0 f_1}{\sum f_1}-\frac{\sum x_0 f_0}{\sum f_0}=2782-2867=-85(\text{元})$$

结果说明，假定报告期各类员工平均工资和基期一样没有变动的话，由于员工结构变动的影响，使企业总的平均工资降低了2.96%，下降的绝对额为85元。

三个指数之间的关系为：

$$98.57\%=101.58\%\times 97.04\%$$

绝对额关系为：

$$-41=44+(-85)(\text{元/人})$$

这说明该企业员工总平均工资降低了1.43%，下降的绝对额为41元:这是由于一方面不同类别员工平均工资的上升使企业总平均工资上升了1.58%，上升的绝对额为44元;另一方面，由于员工结构的变化使企业的总平均工资下降了2.96%，下降的绝对额为85元。

【思考题】

1.指数的概念是什么？

2.什么叫综合指数？

3.综合指数和平均指数有何联系和区别？

4.如何编制综合指数？

5.利用指数因素分析方法如何评价平均指标的变动？

【参考阅读材料】

1.[美]David Freedman 等:《统计学》，中国统计出版社，1998。

2.周恒彤主编:《社会经济——基本理论与方法入门》，中国统计出版社，2000。

3.于声涛:《统计学基础》，科学出版社，财经类“十一五”规划教材。

第 6 章　抽样推断

学习目标

1.抽样推断的概念。

2.抽样推断的理论基础。

3.抽样误差。

4.抽样组织形式。

5.抽样方案的设计。

引导案例

某省政府部门欲了解全省农民收入的平均水平。该省幅员辽阔，人口众多，如果采用普查则工作量及调查费用将异常庞大。一个可行的方法就是在全省抽取部分农户进行调查，根据这部分调查所得收入数据资料去推断全省农民收入的平均水平。

某水泥厂加强产品质量控制和管理，需考察水泥标号是否达到规定标准，其方法是将水泥做成试块进行耐压试验。由于这种试验是一种破坏性试验，显然不能把全部水泥都做成试块，只能从全部水泥中抽取部分进行试验。

从上面例子可以看出，在很多统计问题中，或者由于人力、物力、财力或时间限制，或者由于取得全部数据是不可能的，或者虽然能够取得全部数据但数据收集本身带有破坏性，我们不能收集全部数据，只能从中收集部分数据，依据这部分数据对所研究对象的数量特征或数量规律性进行推断。这种依据部分观测取得的数据对整体的数量特征或数量规律性进行的推断称为统计推断。

§6.1 抽样推断的基本理论

§6.1.1 抽样推断的基本概念

1.抽样推断的定义

抽样推断就是按照随机原则，从总体中抽取一部分总体单位进行观察，根据这部分总体单位资料推算总体指标的一种统计方法。在实际工作中，许多场合我们不可能对总体的所有单位进行全面调查，来达到对总体数量特征的认识。例如，在市场商品需求量、城市居民家庭收支情况等方面，我们都很难对每个单位进行观察，只能通过抽样调查取得部分实际资料，来估计和判断总体的数量特征，以达到对现象总体的认识。

抽样推断的中心问题是如何根据已知的部分资料来推断未知的总体情况。例如，根据对1%日光灯管的使用寿命进行检验，对全部日光灯管的使用寿命作出推断；根据少数职工家庭的生活状况调查资料，推算全国职工生活的实际水平等。这些均属抽样推断。

可见，抽样推断既是收集统计资料的方法（一般亦称抽样调查），同时又是对总体进行科学的估计和判断的分析方法。因此，抽样推断在统计调查和统计分析中都得到广泛的应用。抽样推断理论是统计理论的重要组成部分。

2.抽样推断的特点

(1)抽样推断是非全面调查。由于抽样推断只从总体中抽取一部分单位进行观察，因而是一种非全面调查方法。

(2)抽样推断是按随机原则抽选调查单位。随机原则是指在抽取调查单位时，总体中的每个单位都有同等抽中的机会，调查单位的确定既不受调查者主观愿望的影响，也取决于被调查者是否愿意合作，完全排除了人的主观意识的影响，抽选与否纯粹是偶然事件。按随机原则抽取调查单位是抽样推断的基本要求，只有这样，才能使抽中的单位具有较大的代表性。

(3)抽样推断是用样本的指标数值去推算总体的指标数值。抽样推断要根据对样本单位进行观察所得的实际资料，对全部总体的数量特征进行推断，也是抽样推断的目的。

(4)抽样推断中产生的抽样误差可以事先计算并加以控制。抽样推断是以样本的统计量来估计总体的数量特征，虽然也存在一定的误差，但在随机抽样条件下，抽样误差范围可以事先通过有关资料加以计算，因而也就有可能按一定的程序对总体数量特征作出具有一定可靠程度的推断，而且能够通过各种组织措施（例如，增加样本单位数、改善抽样组织等）来控制抽样误差范围，保证抽样推断的结果达到预定的可靠程度的要求。

3.抽样推断的作用

抽样推断在社会经济统计中，有其独特的重要作用。

(1)对有些不可能或不必要进行全面调查，但又需要了解其全面数量情况的社会经济现象，则可以运用抽样推断，实现调查的目的。例如，在工业生产中检验某些产品质量时，常常具有破坏性，如灯泡的寿命检验，棉纱的拉力检验等，不可能对全部产品进行检验，而必须采用抽样，以样本资料推断总体的质量状况。再如，有些现象总体过大，单位过于分散，进行全面调查实际上是不可能的，如检验水库的鱼苗数，森林的木材积蓄量等，也必须采用抽样推断。还有些社会经济现象，从理论上说，可以进行全面调查，但调查范围太广、单位太大，因而不必要进行全面调查，采用抽样推断便可节省人力、费用、时间，并可提高资料的准确性。

(2)抽样调查与全面调查同时进行，可以发挥互相补充和检查调查质量的作用。全面调查由于范围广、工作量大、参加人员多，往往容易发生登记性误差和计算误差。如果在全面调查后，随即抽取一部分单位重新调查一次，将这些单位两次调查的资料，进行对照，加以比较，计算其差错率，并据以对全面资料加以修正，可以进一步提高全面调查资料的准确性。

(3)抽样推断可以用于工业生产过程的质量控制。抽样推断法可以有效地应用于对成批或大量连续生产的工业产品在生产过程中进行质量控制，检查生产过程是否正常，及时提供有关信息，便于采取措施，防止废品的发生。

(4)利用抽样推断法还可以对某种总体的假设进行检验，判断其真伪，以作出正确的决策。例如，新工艺、新技术的改革，是否能收到明显的效果，需要对未知或完全不知道的总体作出一些假设，然后利用抽样推断法，根据实验的材料对所作假设进行检验，作出判断。

4.抽样推断法中的几个基本概念

(1)全及总体、抽样总体

①全及总体，简称总体，是指所要研究对象的全体。它是由所研究范围内具有某种共同性质的许多单位组成的集合体。例如，我们要研究某城市职工的生活水平，则该城市的全体职工构成全及总体。总体单位的个数用字母 N 表示。

全及总体按各单位标志的性质不同，可分为变量总体和属性总体。前者总体中各单位的标志为数量标志，后者总体中各单位的标志为品质标志。对于变量总体又可以按其所包含的单位数以及相应的变量多少，而分为无限总体和有限总体。无限总体所包含的单位为无限多，因而各单位也就有无限多的取值。这种无限变量又可分为两类，一类是可列的无限变量，即变量值大小可以按顺序加以一一列举；另一类是不可列无限变量，它是一种连续变量，在任何一个区间内都有无限多的变量，不可能按顺序加以一一列举。有限总体所包含的单位是有限的，其变量值也是有限的，当然可以按顺序加以一一列举。

②样本总体，又叫子样，简称样本。它是从全及总体中随机抽取出来的，用以代表全及总体的部分单位的集合。样本总体的单位数用字母 n 表示。如果全及总体称母集，那么样本总体称子集。在抽样推断实践中，一般样本单位达到或超过 30 个称大样本，在 30 个以下的称小样本。社会经济统计中的抽样推断，一般采用大样本。样本总体的单位数相对全及总体

的单位数，是很少的。以很小的样本来推断很大的总体，是抽样推断法的重要特点。

(2)全及指标和抽样指标

①全及指标

也称为母体参数或全及指标，它是根据全及总体各单位的标志值或标志特征计算的，反映总体某种属性的综合指标。由于全及总体是唯一确定的。根据全及总体计算的全及指标也是唯一确定的。

不同属性总体需要计算不同的全及指标。对于变量总体，可以计算全及平均数。用大写英文字母 X 来表示。

设总体各单位的标志值分别为 X_1，X_2，$\cdots X_N$，则：

$$X=\frac{\sum_{i=1}^{N}X_i}{N}$$

对于属性总体，由于各单位的标志不可以用数量来表示，只能用一定的术语加以描述，所以就应该计算比重结构指标，称为总体成数，用大写英文字母 P 表示。它说明总体中具有某种标志的单位在总体中所占的比重。变量总体也可以计算成数，即总体单位在所规定的某种变量值以上或以下的比重，视同具有或不具有某种属性的单位数比重。

设：总体 N 个单位中，有 N_1 个单位具有某种属性、N_0 个单位不具有某种属性。

$$N=N_1+N_0;$$

P 为总体中具有某种属性单位数所占的比重，

Q 为不具有某种属性的单位数所占的比重，则总体成数为：

$$P=\frac{N_1}{N}, Q=\frac{N_1 0}{N}=1-P$$

此外，全及指标还有总体标准差(σ)、总体方差(σ2)。它们都是测度总体标志值离散程度的指标。

$$\sigma=\sqrt{\frac{1}{N}\sum_{i=1}^{N}(X_i-X)^2} \text{ 或 } \sigma=\sqrt{P(1-P)}=\sqrt{PQ}$$

$$\sigma^2=\frac{1}{N}\sum_{i=1}^{N}(X_i-X)^2 \text{ 或 } \sigma^2=P(1-P)=PQ$$

②抽样指标

也称样本统计量或抽样指标，由样本总体各单位标志值或标志特征计算出来的综合指标称为抽样指标。和全及指标相对应有抽样平均数 $\bar{x}$，抽样成数 p 和标本标准差 s、s^2 样本方差等。分别用小写英文字母表示。

设样本有 n 个单位：x_1，x_2，$\cdots x_n$，则抽样平均数为：

$$\bar{x}=\frac{\sum_{i=1}^{n}x_i}{n}$$

设：样本 n 个单位中，有 n_1 个单位具有某种属性，n_0 个单位不具有某种属性，则：

$$n=n_1+n_0$$

p 为具有某种属性的单位数所占的比重，

q 为不具有某种单位数所占的比重。则抽样成数为：

$$p=\frac{n_1}{n},\ q=\frac{n_1 0}{n}=1-p$$

样本的标准差和方差分别为：

$$s=\sqrt{\frac{1}{n-1}\sum_{i=1}^{n}(x_i-\bar{x})^2}\ \text{或}\ s=\sqrt{p(1-p)}=\sqrt{pq}$$

$$s^2=\frac{1}{n-1}\sum_{i=1}^{n}(x_i-\bar{x})^2\ \text{或}\ s^2=p(1-p)=pq$$

由于一个全及总体可以抽取多个样本。样本不同，抽样指标的数值也不同。所以抽样指标的数值不是唯一确定的。实际上，抽样指标是样本变量的函数，它本身也是随机变量。

（3）抽样方法和样本可能数目

①抽样方法

a.根据取样的方式不同，抽样方法有重复抽样和不重复抽样

重复抽样是从总体中随机抽取一个单位进行观察后，把它又放回总体中去参加下一次抽选，这样在每次抽取时，总体单位数始终保持不变，其中某些单位可能被重复抽中。可见重复抽样的总体各单位在各次抽选中，中选的机会都是相等的，即都是 $1/N$，而且各单位有被重复抽中的可能。

不重复抽样它是从总体中随机抽选出一个单位进行观察后，不再放回总体中去，下次从剩下的单位中抽选，直至抽够预定的数目为止。因此。每个总体只能被抽中一次，各单位在每次中选的机会是不相等的。

如果总体的单位数很多，而抽取的样本单位数又很少。这种情况下，不重复抽样对总体单位数的变动以及每个单位被抽取的机会均没有多大影响。所以在统计实践中经常采用不重复抽样。

b.根据对样本的要求不同，抽样方法又分为考虑顺序抽样和不考虑顺序抽样

考虑顺序抽样，即从总体 N 个单位中抽取 n 个单位构成样本，不但要考虑样本各单位的不同性质，而且要考虑不同性质各单位的中选顺序。比如，若先抽取单位 A，再抽取单位 B，则构成样本 AB；若先抽取 B，再抽取 A，则构成样本 BA。样本 AB 和样本 BA，视为两个样本。

不考虑顺序的抽样，即从总体 N 个单位中抽取 n 个单位构成样本。只考虑样本各单位的组成成分如何，而不问单位抽选的顺序。比如，仍按前一种抽取样本单位的结构，构成 AB 和 BA 样本，若不考虑顺序时，则视样本 AB 和样本 BA 为一个样本。

以上两种分类方法还存在交叉的情况，如图 6－1 所示。

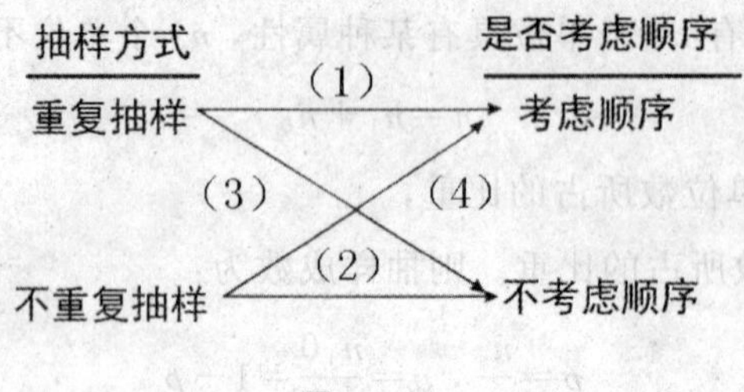

图 6－1

这样，就形成四种抽样方法，即：(1)考虑顺序的重复抽样；(2)不考虑顺序的不重复抽样；(3)不考虑顺序的重复抽样；(4)考虑顺序的不重复抽样。

两种抽样方法会产生三个差别：第一，抽取的样本可能数目不同；第二，抽样误差的计算公式不同；第三，抽样误差的大小不同。

②样本的可能数目

a.考虑顺序的不重置抽样数目。即通常所说的不重复排列。一般地说，从总体 N 个不同单位每次抽取 n 个不重复的排列。组成样本的可能数目记作 A_N^n，由下列公式计算：

$$A_N^n = N(N-1)(N-2)\cdots(N-n+1) = \frac{N!}{(N-n)!}$$

b.考虑顺序的重置抽样数目。即通常所说的可重复排列。一般地说，从总体 N 个不同单位中抽取 n 个允许重复的排列组成样本的可能数目记作 B_N^n，由下列公式计算：

$$B_N^n = Nn$$

c.不考虑顺序的不重置抽样数目。即通常所说的不重复组合数。一般地说，从总体 N 个不同单位每次抽取 n 个不重复的组合，组成样本的可能数目记作 C_N^n，由下列公式计算：

$$C_N^n = N(N-1)(N-2)\cdots(N-n+1)/n! = \frac{N!}{n!\,(N-n)!}$$

d.不考虑顺序的重置抽样数目。即通常所说的可重复组合数。一般地说，从 N 个不同单位每次抽取 n 个允许重复的组合数。组成样本的可能数目记作 D_N^n。它等于 $N+n-1$ 个不同单位每次抽取 n 个的不重复组合，亦即：

$$D_N^n = C_{N+n-1}^n$$

(4)抽样推断的理论依据

抽样推断是建立在概率论大数定律基础上的。大数定律的一系列定理为抽样推断提供了数学依据。

大数定律是阐明大量随机现象平均结果的稳定性的一系列定理的总称。它说明如果被研究的总体是由大量的相互独立的随机因素所构成，而且每个因素对总体的影响都相对地小。那么将这些大量因素加以平均，因素的个别影响将相互抵消，而呈现出共同作用的影响，使总体具有稳定的性质。

§6.2 抽样误差

§6.2.1 抽样误差的概念

1.抽样误差的概念

抽样误差是抽样法理论的一个重要内容。我们知道，抽样法的实质是采用样本指标去推断或估计总体指标，而这种推断或估计的根据或基础就是抽样误差。因此，怎样计算、使用和控制抽样误差就成为抽样调查的重要问题。抽样误差使任何统计调查工作的调查结果都会与实际情况有一定的差别，即会产生统计调查误差。

抽样误差是指随机误差，也就是按随机原则抽样时，在没有大的登记误差和偏差条件下，单纯由于不同的随机样本得出不同的估计量而产生的误差。

由于总体平均数和成数是唯一确定的，抽样平均数和成数则是随机变量，因而抽样误差也不是唯一确定的，而是随机变量，抽样误差越小，表示样本的代表性越高；反之，样本的代表性就越低。同样，抽样误差还说明样本指标与总体指标的相差范围，因此它也是推算总体的依据。

综上所述，抽样误差是抽样调查自身所固有的不可避免的误差，虽然不能消除这种误差，但可以用数理统计方法进行计算，确定其数量界限并加以控制，也就是根据研究的需要，把它控制在所允许的范围以内。

2.抽样误差的种类

由样本估算总体，两者之间总是要出现差距的，这种由样本得到的估计值与被估计的总体未知真实特征值之差，就是误差，即样本指标数值与总体指标数值之间的差数。例如，抽样平均数与总体平均数之差$(x-\bar{x})$，抽样成数与总体成数之差$(p-P)$。

由于造成统计误差的原因不同，所以误差又分为登记性误差和代表性误差。

(1)登记性误差

登记性误差指在调查过程中，由于各种主、客观原因的影响而引起的诸如测量错误、记录错误、计算错误、抄录错误，以及被调查者所报不实、指标含义不清、口径不一致、遗漏或重复调查等原因而造成的误差。登记性误差也称为调查误差或工作误差。登记性误差在全面调查和非全面调查中都可能发生。调查的范围越广泛，规模越大，内容越复杂，参加调查的人员越多，发生登记性误差的可能性也就越大；反之，可能性就越小。登记性误差可以通过提高调查人员的思想和业务水平，改进调查方法和组织工作，建立严格的工作责任制加以避免，使这类误差降低到最低的限度。这种误差在统计调查过程中，虽不能完全消除，但应尽量避免和减少。

(2)代表性误差

代表性误差是指在没有调查工作差错的条件下，由于抽样调查是用样本总体代表全及总体，必然产生误差，这种误差是抽样调查所固有的。

代表性误差也有两种，一种是非偶然性代表性误差，另一种是偶然性代表性误差。非偶然性代表性误差是指抽样调查时违反随机原则而产生的误差。调查人员如果带有主观偏见，如抽取样本一贯地抽取较好的单位或者一贯地抽取较坏的单位就会产生误差，所以，这种误差又称为一贯性代表性误差或系统性代表性误差。可见，这种误差是应该避免的。偶然性代表性误差是指在没有登记误差和非偶然性代表性误差的条件下产生的误差，即样本指标与总体指标之间的数量差别。这种误差又称随机误差，具体地说，就是抽样平均数与全及平均数之间或抽样成数与全及成数之间的差数。抽样误差正是指的这种误差。抽样调查不可避免地要产生抽样误差。因为抽样调查只是从总体中抽取一小部分单位进行调查，即使做到严格地遵守随机原则，也无法使样本总体的结构与全及总体的结构完全一致，而只要两者结构稍有不同，计算出来的抽样指标就不会与全及指标完全相同。因此，抽样误差是由抽样法本身决定的，是没有确定原因的随机性误差。

所以抽样误差又叫随机性误差。抽样误差虽不可避免，但却可以设法加以控制，把它限定在允许的范围之内。随机性误差又有两种，一是实际误差，二是平均误差。由于从一个总体中可以抽取一个样本总体，也可以抽取多个样本总体，而每个样本总体都可算出它的抽样指标，但每一个样本指标实际上都与总体指标有一个差数，这些实际存在的抽样指标与总体指标的差数就叫实际误差。平均误差是所有样本指标与总体指标(抽样平均数或抽样成数)的标准差，也就是所有样本的实际误差的平均数。由于总体指标(全及平均数或全及成数)是未知的，所以实际误差也是我们所无法知道的，但抽样平均误差是可以计算的。计算抽样平均误差有两个方面的作用:①它是抽样法的基础。用样本指标去推算全及总体指标，离开了抽样平均误差是不可能的。②利用它可以确定抽样推断的可靠程度，从而可以控制抽样误差的范围以及计算抽样的单位数目。

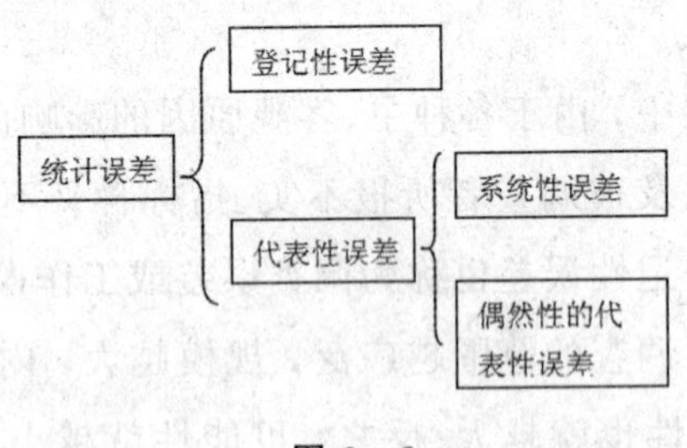

图 6—2

3.影响抽样误差的因素

影响抽样误差大小的因素主要有以下三种：

(1)抽样单位数目的多少

在其他条件不变的情况下，抽样单位数目越多，抽样误差越小;反之，抽样单位数目越少，抽样误差就越大。这是因为随着样本单位数的扩大，样本结构就越能反映总体的结构，样本指标就越能代表总体相应的数量特征，当抽样总体扩大到等于全及总体时，则抽样调查就成为全面调查，抽样误差也就不存在了。所以，抽样误差的大小是和抽样单位数目的平方根成反比的。

(2)总体中被研究标志的变异程度

在其它条件不变的情况下，总体被研究标志的变异程度越大，抽样误差也越大；反之，总体被研究标志的变异程度越小，抽样误差也就越小。这是因为总体标志变异程度小，表示总体各单位标志值之间的差异小，则抽样指标与总体指标间的差异可能也小。如果总体各单位标志值相等，即标志变动度等于零，这时抽样指标就完全等于总体指标，抽样误差也就不存在了，所以，抽样误差的大小是同全及总体被研究标志的变异程度成正比的。

(3)抽样推断的组织形式

在抽样单位的数目一定时，抽样组织形式不同，抽样误差也就不同。这是因为不同的抽样组织形式所抽取的样本对于总体的代表性不同所致。

(4)抽取样本的方法在重置抽样时，有些单位可能会被重复抽中，实际上就相对减少了抽样单位数，这样在抽样单位数相同的情况下，重复抽样的误差会大于不重复抽样。

§6.2.2 抽样平均误差

抽样平均误差就是抽样平均数(或抽样成数)的标准差。它反映抽样平均数(或抽样成数)与总体平均数(或总体成数)的平均误差程度，通常用 μ_x 或 μ_p 表示。

由于样本是按随机原则抽取的，故在同一总体中，按相同的抽样数目可以抽出许多相同和不同的样本，而每次抽出的样本都可以计算出相应的抽样平均数、抽样成数和抽样误差，即从理论上说，可以计算出很多个抽样误差。它们带有偶然性，有的可能是正误差，有的可能是负误差；有的绝对值可能大些，有的绝对值可能小些。为了用样本指标去推算总体指标，就需要计算这些抽样误差的平均水平，这就是抽样平均误差，用以反映抽样误差的一般水平。

在抽样估计中，总是以平均误差作为计算误差范围的尺度。在实际计算过程中，抽样平均误差是用抽样平均数(或抽样成数)的标准差来计算的。把样本指标与总体指标之间的误差，用计算均方差的方法处理，求出平均误差(通常用 μ 表示)，作为衡量抽样平均数或成数变异程度的一种尺度。

$$\mu=\sqrt{\frac{\sum(\text{样本指标}-\text{总体指标})^2}{\text{可能组成的样本总数}}}$$

下面分别就抽样平均数的平均误差和抽样成数的平均误差的计算问题进行论述。

1.抽样平均数的平均误差

抽样平均误差是衡量样本指标代表性大小的标准。抽样平均误差越小，样本指标与全及总体指标的离差也越小，样本的代表性也就越大；反之，其代表性越小。如果抽样平均误差等于零，则样本指标完全代表全及指标。当然，在实际调查中，抽样平均误差等于零的情况极少，绝大多数是不等于零的，因此，我们需要研究它。在重复抽样情况下，简单随机抽样平均数的平均误差计算公式为：

$$\mu_{\bar{x}}=\sqrt{\frac{\sigma^2}{n}}=\frac{\sigma}{n}$$

式中：$\mu_{\bar{x}}$——抽样平均数的平均误差；

σ^2——总体方差；

σ——总体标准差；

n——样本单位数。

由上式可以看出：平均误差与总体标准差成正比，与样本单位数的平方根成反比。因为总体标准差 σ 是不能改变的（它是客观存在的），所以，要想减少抽样平均差以提高抽样指标的代表性，只能增大样本单位数（n）。例如，要使抽样平均误差减少 1/2，则样本单位数必须增大到 4 倍；要使抽样平均误差减少到原来的 1/3，则样本单位数就要扩大到 9 倍。

在不重复抽样的条件下，抽样平均数的平均误差的计算公式为：

$$\mu_{\bar{x}}=\sqrt{\frac{\sigma^2}{n}(\frac{N-n}{N-1})}$$

当总体单位数（N）很大时，公式中的 $N-1$ 可以用 N 代替。所以，在实际计算时，不重复抽样的抽样平均数的平均误差可用下式计算：

$$\mu_{\bar{x}}=\sqrt{\frac{\sigma^2}{n}(1-\frac{n}{N})}$$

将上面重复抽样和不重复抽样的平均误差公式相比较，两者相差一个修正系数 $1-\frac{n}{N}$，这个修正系数是大于 0 而小于 1 的正数。可见，在同样条件下，不重复抽样的平均误差永远小于重复抽样的平均误差。

但是，如果抽样单位数目很少，而总体单位数目很多时，抽样比例$\frac{n}{N}$则很小，这时，$1-\frac{n}{N}$会接近于 1，这就对抽样平均误差的影响不大。所以，在实际工作中，对于不重复抽样时的抽样平均误差，也往往采用重复抽样的公式来计算。

应当指出，在运用上述公式计算抽样平均误差时，总体方差 σ^2，或总体标准差 σ，是个未知的确定数，在实际工作中通常用下列办法来解决。

用过去的调查资料，可以是全面调查的，也可以是抽样推断的。如果有几个不同的总体方差，则采用数值较大的。

用样本方差 s^2 代替总体方差 σ^2，概率论已从理论上作了证明，样本方差可以相当接近总体方差。

用估计的材料。例如，在农产品产量抽样调查中，用农产品预计估产的材料，计算出总体方差。

组织一次小规模试验性调查来取得总体方差的估计值。

例 6—1

某工厂生产一种新型日光灯，共 10000 只，随机抽取 200 只做耐用时间试验。测试和计算结果，平均寿命为 4200 小时。标准差为 280 小时，求抽样平均误差。

重复抽样时：

$$\mu_x=\sqrt{\frac{\sigma^2}{n}}=\frac{\sigma}{\sqrt{n}}=280/\sqrt{200}=19.799(\text{小时})$$

不重复抽样时：

$$\mu_x=\sqrt{\frac{\sigma^2}{n}(1-\frac{n}{N})}=\sqrt{\frac{280^2}{200}(1-\frac{200}{1000})}=19.600(\text{小时})$$

2.抽样成数的平均误差

抽样成数的平均误差的计算与抽样平均数的平均误差的计算大致相同。

在掌握抽样平均数的平均误差的计算公式的基础上，探求抽样成数的平均误差的公式是比较简便的。理论上可证，全及总体成数的方差为 $P(1-P)$，只需把 $P(1-P)$ 代替上式中的 σ^2 即可。

抽样成数的平均误差在采用纯随机重复抽样时：

重复抽样：$\mu_p=\sqrt{\frac{P(1-P)}{n}}$

不重复抽样：$\mu_p=\sqrt{\frac{P(1-P)}{n}(1-\frac{n}{N})}$

同样道理，抽样成数的平均误差也受总体标志变异程度(总体标准差)和样本单位数多少的影响;同时，不重复抽样的误差要小于重复抽样的误差。

在没有总体方差或总体标准差时，可以用样本方差(s^2)代替总体方差(σ^2)，用 $p(1-p)$ 代替 $P(1-P)$，或选用成数方差最大值 0.25 代替。

例 6—2

要估计某县十万学龄儿童的近视率，随机从中抽取 100 名儿童，检查有近视眼的儿童为 15 名。求抽样近视率的平均误差。

根据已知条件:近视率 $p=\frac{n_1}{n}=0.15$

在重复抽样的情况下，近视率的抽样平均误差为：

$$\mu_p=\sqrt{\frac{P(1-P)}{n}}=\sqrt{\frac{0.15(1-0.15)}{100}}=0.0357$$

在重复抽样的情况下，近视率的抽样平均误差为：

$$\mu_p=\sqrt{\frac{P(1-P)}{n}(1-\frac{n}{N})}=\sqrt{\frac{0.15(1-0.15)}{100}(1-\frac{100}{100000})}\approx 0.0357$$

§6.2.3 抽样极限误差

抽样误差是因样本的不同而变化的，我们只能把抽样误差控制在一定的范围内，这就需要研究抽样极限误差问题。抽样极限误差是指抽样指标和总体指标之间误差的可能范围。由于总体指标是一个确定的数，而抽样指标则围绕着总体指标上下变动，它与总体指标可能产生正离差，也可能产生负离差。抽样指标变动的上限或下限与总体指标之差的绝对值就可以表示抽样误差的可能范围，我们将这种以绝对值形式表达的抽样误差可能范围称为抽样极限误差。

具体地说，也就是用一定的概率来保证抽样误差不超过某一特定的最大可能范围（又叫置信区间）。由于总体指标是一个确定的量，样本指标是一个随机变量，所以样本指标是围绕着总体指标左右变动的，它可能大于总体指标，也可能小于总体指标，从而产生正误差与负误差，两者都可以用绝对值表示为$|\bar{x}-X|$、$|p-P|$。这种以绝对值表示的抽样误差的可能范围，就称为极限误差，或称为抽样误差范围和允许误差。

抽样极限误差通常用符号"△"表示，$\Delta\bar{x}$ 为抽样平均数的极限误差，Δp 为抽样成数的极限误差。则有：

$$\Delta\bar{x}=|\bar{x}-X|$$

$$\Delta p=|p-P|$$

上式也可变为下列不等形式：

$$X-\Delta x\leqslant\bar{x}\leqslant X+\Delta x$$

$$P-\Delta p\leqslant p\leqslant P+\Delta p$$

上式表示抽样平均数；是以总体平均数 $\bar{x}$ 为中心，在 $X\pm\Delta x$ 之间波动。区间$(X-\Delta x, X+\Delta x)$称为平均数估计区间，区间总长度为 $2\Delta x$，在这个区间内的抽样平均数与总体平均数的绝对离差不超过Δx。同样的抽样成数 p 是以总体成数 P 为中心，在 $P\pm\Delta p$ 之间变动，抽样成数在$(P-\Delta p, P+\Delta p)$区间内与总体成数的绝对离差不超过Δp。

由于总体平均数和成数是未知的，它要求靠实测的抽样平均数或成数来估计，因而抽样极限误差的实际意义是希望总体平均数和成数落在抽样平均数 $\bar{x}\pm\Delta\bar{x}$ 和抽样成数 $p\pm\Delta p$，的范围内，因此上述不等式应该变换为：

$$\bar{x}-\Delta\bar{x}\leqslant X\leqslant\bar{x}+\Delta\bar{x}$$

$$p-\Delta p\leqslant P\leqslant p+\Delta p$$

抽样极限误差与抽样平均误差的关系：

抽样极限误差Δx或Δp通常要以抽样平均误差μ_x或μ_p为标准来衡量，把极限误差Δx或Δp相应除以μ_x或μ_p，得出相对数t，表示极限误差为抽样平均误差的若干倍。因此：

$$t=\frac{\Delta \bar{x}}{\mu_{\bar{x}}}\text{或}\Delta \bar{x}=t\mu_{\bar{x}}$$

$$t=\frac{\Delta p}{\mu_p}\text{或}\Delta p=t\mu_p$$

上式中，t称为概率度。只要给定t值就可以计算出极限误差，从而就可以确定出总体指标所在的区间。

从上式可见:①抽样平均误差与误差的可能范围成正比，如果其他条件不变，抽样平均误差越小，误差的可能范围也相应缩小。②在抽样平均误差μ一定的条件下，当概率度t越大，则抽样误差范围Δ越大，样本指标落在允许误差范围内的概率越大，从而抽样估计的可信程度也就高了，但是t值越大，误差范围越大，抽样估计的标准程度就降低了;反之，则Δ越小，样本指标落在允许误差范围内的概率越小，抽样估计的把握程度也低，但抽样估计的准确程度提高了;这表明估计的精确度和可靠度的要求是一对矛盾，我们作出估计时必须在两者之间进行慎重的选择。

正态概率分布的图形如图 6－3 所示。

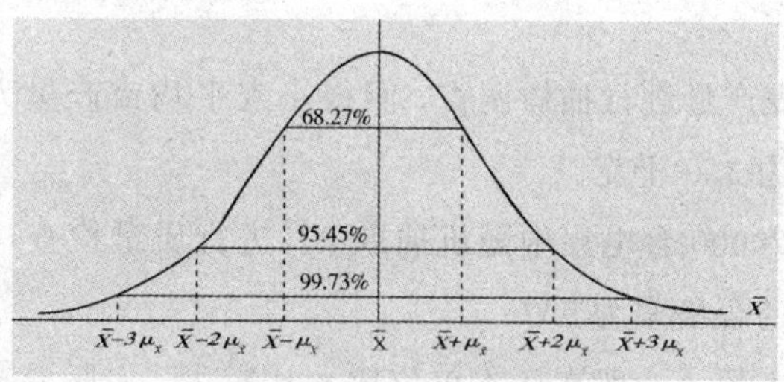

图　6－3

表 6－1　常用概率度与概率对应表

概率度 t	1	1.64	1.96	2	2.576	3	4
概率[$F(t)$]	0.6827	0.9000	0.9500	0.9545	0.9900	0.9973	0.9999

§6.3 抽样推断

抽样推断又称为抽样估计，是利用实际抽样调查资料计算的样本指标值来估计相应的总体指标的数值。由于总体指标是表示总体数量特征的参数，因此也称为参数估计。

要使抽样指标对于总体指标具有良好的代表性，应该使样本的分布结构和总体的分布结构相一致。但是抽样指标作为统计量，它是一个随机变量，随着抽取样本的不同，便有不同的估计值。仅从某一次试验的结果来衡量是不可能的，而应该从多次重复试验中，看这种估计量是否在某种意义上说最接近于被估计参数的值。一般地说，用抽样指标估计总指标应该有三个要求。满足了这三个要求的，就认为是合理的估计或优良估计。

第一，无偏性。

用抽样指标估计总体指标要求抽样指标的平均数等于被估计数。就是说，虽然每一次的抽样指标和未知的总体指标可能不相同，但在多次反复的估计中各个抽样指标的平均数应该等于总体指标。即抽样指标的估计平均说来是没有偏差的。

第二，一致性。

用抽样指标估计总体指标要求当样本单位数充分大时，抽样指标也充分地靠近总体指标。

第三，有效性。

用抽样指标估计总体要求作为优良估计量的方差应该比其他估计量的方差小。

1.抽样推断的种类

(1)点估计

也称定值估计，是直接用抽样平均数代替全及平均数、用抽样成数代替全及成数，而不考虑抽样误差的一种抽样推断方法。如果要推断总体标志总量指标，只要以抽样指标乘以总体单位数即可。

例如，某地区对小麦产量进行抽样调查，测得小麦平均亩产量为 350 千克，据此可推断出该地小麦平均亩产量为 350 千克。

再如，某电扇厂从 20000 台电扇中随机抽取 2%进行质量检查，结果合格率为 95%，则据此推断 20000 台电扇的合格率为 95%。

点估计的方法简单方便。一般在样本单位数 n 比较大，实际要求不高的情况下，也常常被采用。由于点估计不考虑抽样误差，不能说明推断估计的准确性和可靠性，因此在实际应用中受到限制。

(2)区间估计

区间估计是用样本指标推断总体指标的主要方法，即根据给定的概率保证程度，利用样本指标和抽样平均误差推断总体指标可能落入的范围。和点估计相比，区间估计有以下两个要点：

区间估计不像点估计那样用一个数值对总体指标进行估计，而是根据样本指标和抽样平均误差计算总体指标所在的范围。例如，抽样调查 40 个学生的平均年龄是 21 岁，抽样平均误差是 2 岁，则可说全体学生的平均年龄为 21±2 岁，即在 19—23 岁。

区间估计有一个下限与上限，下限与上限构成一个区间，在统计上叫置信区间，总体指标落在这个范围内都是可信的。

表明区间估计的值不是一个确定的估计范围，而是一个可能范围，而且这种可能性是以概率把握程度的方式表现的。

2.抽样推断的方法

根据给定的概率保证程度的要求，利用实际抽样资料，指出总体被估计值的上限和下限，即指出总体参数可能存在的区间范围，而不是直接给出总体参数的估计值。总体参数区间估计根据给定的概率保证程度的要求，利用实际抽样资料，指出被估计值的上限和下限，即指出总体参数可能存在的区间范围。总体参数区间估计必须同时具备估计值、抽样误差范围和概率保证程度三个要素。

区间估计的具体步骤如下：

第一步，根据抽样资料，计算抽样平均数;或抽样成数 p;计算样本标准差或成数方差及抽样平均误差。

第二步，根据推断要求的把握程度 $F(t)$，查《正态概率表》确定出概率度 t，并计算抽样极限误差。

第三步，根据样本指标和极限误差，估计出总体指标所在区间范围。

例6—3

对某种轴承的平均规格进行抽查，抽查的分组资料如表6—2所示，试求在90%可靠程度下，估计这批轴承的平均规格。

第一步：抽样平均数：$\bar{x}=\frac{\sum xf}{\sum f}=\frac{673}{100}=6.73(\text{cm})$

抽样标准差：$\sigma=\sqrt{\frac{\sum(x-\bar{x})^2f}{\sum f}}=\sqrt{\frac{5.31}{100}}=0.2304(\text{cm})$

表6—2 **轴承抽查资料**

轴承规格(cm)	组中值 x	轴承数 f	$x\cdot f$	$x-\bar{x}$	$(x-\bar{x})^2$	$(x-\bar{x})^2f$
6.0—6.2	6.1	2	12.2	−0.63	0.3969	0.7938
6.2—6.4	6.3	5	31.5	−0.43	0.1849	0.9245
6.4—6.6	6.5	20	130.0	−0.23	0.0529	1.0580
6.6—6.8	6.7	35	234.5	−0.03	0.0009	0.0315
6.8—7.0	6.9	25	172.5	0.17	0.0289	0.7225
7.0—7.2	7.1	13	92.5	0.37	0.1369	1.7797
合 计	—	100	673.0	—	—	5.31

抽样平均误差：$\mu_x=\sqrt{\frac{\sigma^2}{n}}=\frac{0.2034}{\sqrt{100}}$ 0.02304(cm)

第二步：概率 $F(t)=90\%$，查概率表设 $t=1.64$

抽样极限误差：$\Delta\bar{x}=t.\mu_x=1.64\times0.02304=0.03779(\text{cm})$

第三步：估计下限 $\bar{x}-\Delta\bar{x}=6.69991(\text{cm})$

估计上限限 $\bar{x}+\Delta\bar{x}=6.76779(\text{cm})$

估计区间为 $6.69991\text{cm}\leqslant\bar{X}\leqslant6.76779\text{cm}$

即该批轴承有 90%的把握其平均规格在 6.6991—6.76779cm。

例 6—4

对一批某型号电子元件进行耐用性能检查，按随机重置抽样方法抽取 100 件做耐用测试。所得结果的分组资料如表 6—3 所示。设该批电子元件质量标准规定，耐用时数达 1000 小时以上为合格品，要求合格率估计的允许误差范围不超过 4%，试估计该批电子元件的合格率。

表 6—3　　　　　　　　　　　　　　**某型号抽样资料**

耐用时数（小时）	组中值（x）	元件数量（f）
900 以下	875	1
900—950	925	2
950—1000	975	6
1000—1050	1025	35
1050—1100	1075	43
1100—1150	1125	9
1150—1200	1175	3
1200 以上	1225	1
合计	—	100

第一步：$p=\frac{n_1}{n}=\frac{91}{100}=91\%$

$$\sigma^2=p(1-p)=0.91\times0.09=0.0819$$

$$\mu_p=\sqrt{\frac{p(1-p)}{n}}=\sqrt{\frac{0.0819}{100}}=2.86\%$$

第二步：$\because\Delta\text{p}=4\%$

$\therefore t=\frac{\Delta p}{\mu_p}=\frac{4\%}{2.86\%}=1.4$

根据概率度 $t=1.4$。查正态概率表 $F(t)=0.8385$

第三步：估计下限：$P-\Delta p=91\%-4\%=87\%$

估计上限：$P+\Delta p=91\%+4\%=95\%$

即有 83.85%的把握程度，估计这批元件的合格率在 87%—95%。

例 6－5

对 2500 亩小麦产量进行抽样调查。得到抽样平均亩产为 250 千克，已知抽样平均误差 $\mu_{\bar{x}}=2.5$ 千克，要求把握程度 95.45％。估计 2500 亩小麦的平均亩产和总产量。

已知：概率 $F(t)=95.45\%$。查正态概率表得概率度 $t=2$。

抽样平均误差 $\mu_{\bar{x}}=2.5$ 千克

$\Delta\bar{x}=t.\mu_{\bar{x}}=2\times2.5=5$(千克)

估计下限：$\bar{x}-\Delta\bar{x}=250-5=245$(千克)

估计上限：$\bar{x}+\Delta\bar{x}=250+5=255$(千克)

总产量下限：$N(\bar{x}-\Delta\bar{x})=2500\times245=612500$(千克)

总产量上限：$N(\bar{x}+\Delta\bar{x})=2500\times255=637500$(千克)

因此，有 95.45％的把握，推断这 2500 亩小麦的平均亩产量 245—255 千克之间；总产量在 612500—637500 千克。

§6.4 抽样组织形式及抽样方案的设计

§6.4.1 抽样组织形式

1.简单随机抽样

(1)简单随机抽样的概念和特点

简单随机抽样又称纯随机抽样。它是按随机的原则直接从总体个单位中抽取多个单位作为样本，保证总体中每个单位在抽选时都有相等的被抽中机会。简单随机抽样是抽样中最基本也是最简单的方式，它适用于均匀总体，即具有某种特征的单位均匀地分布于总体的各个部分，总体的各部分都是同样分布的。在进行抽样调查之前应该先确定总体，并对总体的每个单位进行编号，形成明确的抽样框。所谓抽样框就是指可以选择作为样本的许多单位或个体所组成的总体，然后用抽签的方式或根据《随机数字表》来抽选必要的单位数。

简单随机抽样的特点是：总体中每一个单位被抽中的机会是均等的；抽取样本单位的方法简便，易于掌握，但也有其局限性。当总体单位的标志变异程度不大，或具有某种特征的单位均匀地分布在总体的各个部分时，宜采用此种调查方式；当总体单位数目很大，标志变异程度也大时，则不宜采用。

(2)简单随机抽样的方法

简单随机抽样通常是用抽签的方法抽取所要调查的单位，具体做法是：将总体各单位编号，然后随机抽取，直到抽够预定数目，一般都利用随机数表来抽样。

随机数表是含有一系列随机数字的表格，使用表中的位数等于总体编号的位数，可以从表中任何一个数字开始，向左或向右，向上或向下数均可，碰到和编号相同的号码，就是抽选出的样本单位，直到抽足必要的数目为止。如果采用不重复抽样，应把重复的号码隔过去，另行抽选。例如，要从 40 个总体单位中抽选 4 个样本单位，从表中任意选定的第 11 行第 16 列算起，向右每两个数字组成一组，从第 11 行到第 12 行一直排列下去，可得 39，87，84，91，80，98，79，11，82，51，04，25，41……其中，39，11，04，25 号被抽中。在电子计算机日益普及的今天，也可以利用计算机打出随机数量表及抽选样本。

前面所描述的有关抽样平均误差、极限抽样误差以及必要抽样数目等的计算公式，均可用于简单随机抽样。

2.类型抽样

(1)类型抽样的概念

类型抽样又称分类抽样或分层抽样。它是先将总体按主要标志进行分组(或分类)，再按随机原则抽取样本单位的一种抽样组织形式。例如，在职工家庭生活调查中，将职工按部门分为工业、建筑业、商业、文教等部门职工，再从各部门中具体抽选样本单位。

类型抽样通过分组，把总体中标志值比较接近的单位归为一组，使各单位的分布比较均匀，并且保证每组有同等被抽选的机会，从而使样本的结构趋近于总体的结构，提高所选样本的代表性，以取得抽样效果。

(2)类型抽样的方法

类型抽样的样本单位数在各类型之间的分配有以下两种方法：

①不等比例类型抽样法。它是不按照类型的大小等比例分配样本单位的方法。各类型的样本单位数可以平均分配，或按各类型组标志变异程度确定应抽的单位数。标志变异程度大的组多抽一些单位;标志变异程度小的组就少抽一些。这样，各组的抽样比例是不相等的。

②等比例类型抽样法。它是按照类型的大小等比例分配样本单位的方法。由于分类是按有关的主要标志分组的，各组的单位数不同，类型抽样通常是按各组总体单位数的一定比例来抽取样本，单位数较多的组应该多取样，单位数较少的组则少取样，保持各组样本单位数与样本总容量之比等于各组总体单位数与全及总体单位数之比，即：

$$\frac{n_1}{N_1}=\frac{n_2}{N_2}=\frac{n_k}{N_k}=\frac{n}{N}$$

所以各组的样本单位数应为：

$$n_i=\frac{nN_i}{N}$$

采用等比例抽样是为了保持样本结构和总体结构形同，避免样本平均数由于各组比重差异而引起的误差。由于等比例类型抽样法对样本单位的分配比较合理，因而在实际工作中应用较多，只有在各类单位数相差悬殊时和各类调查标志的方差相差悬殊时，才可以采用不等比例类型抽样法。

(3)类型抽样的误差计算

类型抽样平均误差公式如表 6－4 所示：

表 6－4　　抽样平均误差公式

项目	重复抽样	不重复抽样表
计算平均数的平均误差公式	$\mu_x=\sqrt{\dfrac{\sigma^2}{n}}$	$\mu_x=\sqrt{\dfrac{\sigma^2}{n}(1-\dfrac{n}{N})}$
计算成数的平均误差公式	$\mu_p=\sqrt{\dfrac{P(1-P)}{n}}$	$\mu_p=\sqrt{\dfrac{P(1-P)}{n}(1-\dfrac{n}{N})}$

其中，$\sigma^2=\dfrac{\sum\sigma_i^2 n_i}{n}$

式中：σ^2—总体方差；

σ_i^2—第 i 组总体方差($i=1, 2, \cdots, n$)；

n_i—第 i 组样本容量。

例 6－6

某乡全部粮食耕地 333.3 公顷，按平原和山区面积比例抽取样本容量 42 公顷，计算各组平均公顷产量 xi 和均方差 σ_i(如图表 6－4 所示)。求抽样平均公顷产量、抽样平均误差(μ_x)，并以 95%的概率保证对全乡平均公顷产量作区间估计。

表 6－5　　某地抽样

指标名称	全部面积(公顷)	抽样面积(公顷)	抽样平均公顷产量 $\bar{x}_i$(千克)	公顷产量标准差 σ^2(千克)
平原	266.7	33.6	14400	200
山区	66.6	8.4	11250	400
合计	333.3	42	13770	253

解：样本平均公顷产量为：

$$\bar{x}=\frac{\sum x_i^2 n_i}{n}=\frac{14400\times33.6+11250\times8.4}{42}=13770(\text{千克})$$

$$\sigma^2=\frac{\sum\sigma_i^2 n_i}{n}=\frac{200^2\times33.6+400^2\times8.4}{42}=64000$$

$$\mu_x=\sqrt{\frac{\sigma^2}{n}}=\sqrt{\frac{6400}{42}}=39.0(\text{千克})$$

$$\text{F(t)}=95\%，\text{t}=1.96$$

$$\triangle\bar{x}=t.\mu_x=1.96\times39.0=76.4(\text{千克})$$

$$\bar{x}=13770\pm76.4$$

即在 95%的概率保证下，推断全乡平均公顷产量在 13693.6～13846.4 千克，全乡粮食总产量在 4564076.9～4615005.1 千克。

3.等距抽样

(1)等距抽样的概念

等距抽样又称为机械抽样或系统抽样。它是先将总体各单位按有关标志或无关标志进行排列，再按照固定的顺序和间隔来抽选样本单位的一种抽样组织形式。

等距抽样是不重复抽样，通常可以保证被抽取的单位在总体中均匀分布，缩小各单位之间的差异程度，提高样本的代表性。

(2)等距抽样的方法

由于排队时所根据的标志不同，有下列两种等距抽样方法：

①无关标志排队法。它是指总体单位采用与调查项目没有关系的标志进行排队的方法。无关标志排队法的具体工作比较简便，所以它是实际工作中常用的一种方法。例如，产品质量检验抽选产品时，常常每隔一定的时间间隔或产量间隔抽取一件产品进行检验。时间间隔和产量间隔对产品质量的好坏来说，都是无关标志。这种抽选方法与简单随机抽样法近似。

②有关标志排队法。它是指总体单位采用与调查项目有关的标志进行排队的方法。例如，农产量抽样调查中按估产的高低排队，农村居民户家庭收支调查按每人平均收入多少排队等，都是按有关标志排队。排队之后，先根据总体单位数和样本单位数计算出抽选间隔(或称抽选距离)，然后按一定的间隔抽选样本单位。其计算方式为：

$$k=\frac{N}{n}$$

式中：k——抽样距离。

如何抽取第一个样本单位呢？如果是按无关标志排队，一般可以从第一个间隔内的人任意一个单位开始抽取；如果是按有关标志排队，考虑到样本单位的代表性，一般是从第一间隔内居中的单位开始抽取。

采用无关标志排队法，能够保证抽取的样本单位在总体中均匀分布，因而可以抽取较少的样本单位而获得较为可靠的代表性，而且调查的组织工作比较方便，因此在实际工作中应用较多。

(3)等距抽样的误差计算

直接计算等距抽样的平均误差比较困难，通常是用简单随机抽样的误差方式来计算按无关标志排队的等距抽样的平均误差；用类型抽样的误差方式来计算按有关标志排队的等距抽样的平均误差。

4.整群抽样

(1)整群抽样的概念

整群抽样，又称集团抽样，它是先将总体各单位划分成若干群，再以群为单位从中随机抽取出若干群来，对被抽中群的所有单位进行全面调查的一种抽样组织形式。

前面所述的简单随机抽样、类型抽样和等距抽样，都是从全及总体中一个接一个地抽选样本单位，所以对有些不适宜采用单个地抽取样本单位的社会现象，就需要采用整群抽样的方式。此外，整群抽样的组织工作较为简便，确定一群便可以调查许多单位。但是，正是由于抽样单位比较集中，限制了样本单位在总体分配中的均匀性，所以有时代表性较低，抽样误差较大。在实际工作中，采用整群抽样通常都要增加一些样本单位，以缩小抽样误差，提高估计准确性。

(2)整群抽样的方法

在组织整群抽样时，首先对所要研究的全及总体按其需要划分出群的单位；然后把各群按时间顺序或空间顺序排列编号；最后可按简单随机抽样或等距抽样的方法抽取样本群。

(3)整群抽样的误差计算

整群抽样都采用不重复抽样的方法，其计算公式为：

$$\mu_{\bar{x}}=\sqrt{\frac{\delta^2}{r}\left(\frac{R-r}{R-1}\right)}$$

式中：R——总体的群数；

r——样本的群数；

δ^2——群间方差，

$\bar{x}$——样本平均数，

$\bar{x}_i$——第i群的样本平均数($i=1, 2, \cdots, r$)。

例6-7

某工厂大量连续生产，为了掌握某月某种产品的一级品率，确定抽出5%的产品，即在全月连续生产720小时中按每隔20小时抽取1小时的全部产品进行检查。根据抽样资料的计算结果，一级品率为85%，各群(组)间的方差为6%。计算整群抽样的平均误差及在95.45%的概率保证下全月一级品率的范围。

解：因为$R=720$小时，所以$r=720\times5\%=36$(小时)

为了保证多抽取的36小时能在720小时中均匀分配，故每隔20($720\div36=20$)小时抽取1小时的全部产品。则：

$$\mu_p=\sqrt{\frac{\delta^2}{r}\left(\frac{R-r}{R-1}\right)}=\sqrt{\frac{0.06^2}{36}\left(\frac{720-360}{720-1}\right)}=3.98\%$$

又因$t=2$，$p=85\%$，

所以$\Delta p=t\mu_p=2\times3.98\%=7.96\%$

故$p=85\%\pm7.96\%$

即在95.45%的概率保证下，全月一级品率的范围为77.04%—92.96%。

5.多阶段抽样

(1)多阶段抽样的概念

多阶段抽样是指在抽样时先抽总体中某种更大范围的单位，再从从中选的大单位中抽取较小范围的单位，逐次类推，最后从更小范围单位中抽选样本的基本单位，分阶段完成抽样的组织工作。当总体很大时，抽样调查要直接抽选总体的基本单位在技术上有很大困难，一般都要采用多阶段抽样方法。例如，我国农产量抽样调查，第一阶段是从省抽县，第二阶段是从中选的县抽乡，第三阶段是从中选的乡抽村，再从村抽地块，最后再从地块抽具体的样本点，并以样本点测量、匡算的实际资料来推算平均公顷产量和总产量。再如，我国职工家计调查，第一阶段先抽选调查城市，第二阶段从中选城市的各个部门中抽选调查单位，第三阶段再从调查单位中抽选职工，确定具体的调查户，调查各户每月实际的生活费收支情况。

多阶段抽样的组织工作较复杂，但样本的代表性较高，可节约人力、物力和财力，因而在实际中得到广泛的应用。

(2)多阶段抽样的误差计算

在多阶段抽样中，前几个阶段的抽样都类似整群抽样，最后一个阶段类似类型抽样或等距抽样。每个阶段抽样都会存在抽样误差，因此，多阶段抽样的抽样误差是各阶段抽样误差之和。下面以两阶段抽样为例，说明多阶段抽样误差的计算方法。

以两阶段抽样而论，首先将总体划分为 R 组，每组包含 M_i 个单位。抽样第一阶段从 R 组中随机抽取 r 组，第二阶段再从中选的 r 组中分别从各组 M_i 单位随机抽取 m_i 个单位，构成一个样本。这种抽样就是两阶段抽样。其中，总体单位数 $N=M_1+M_2+\cdots+M_R$，各组的单位数 M_i 可以是相等的，也可以是不等的；样本单位数 $n=m_1+m_2+\cdots+mr$，各组抽取的单位数可以是相等的，也可以是不等的。为了简化起见，假定总体 R 组中每组的单位都等于 M，则有 $N=R_M$，而且从各组抽取的单位数也相等，都为 m，则有 $n=rm$。两阶段抽样在组织技术上可以看成整群抽样和类型抽样的结合，即整群抽样第一阶段从总体的全部组(群)中随机抽取部分的组(群)和类型抽样第二阶段从中选组中抽选部分单位程序的结合。

从总体 R 组中随机抽取 r 组，并从 r 组中 M 个单位抽 m 单位构成样本。样本平均数的计算过程如下：

先计算第 i 组的样本平均数：

$$\bar{x}=\frac{\sum_{j=1}^{m}x_ij}{m}=(i=1,\ 2,\ \cdots,\ r)$$

再计算样本的平均数：

$$\bar{\bar{x}}=\frac{\sum_{i=1}^{r}\sum_{j=1}^{m}x_ij}{rm}=\frac{\sum_{i=1}^{m}\bar{x}_i}{r}$$

两阶段抽样的平均误差是由两部分构成的：第一部分是第一阶段从总体全部组抽部分组

所引起的组间误差；第二部分是由第二阶段在中选的组中抽部分单位所引起的组内平均误差。在总体 R 组中抽取 r 组，又在 r 组中每组 M 个单位抽取 m 单位的情况下，样本平均方差(μx^2)应等于组平均数组间方差的 $1/r$ 以及各组内方差平均数的 $1/rm$ 两项之和。再考虑阶段抽样是不重置抽样，各项还必须乘以各自的修正系数，所以样本平均数的抽样平均误差为：

$$\mu_x=\sqrt{\frac{\delta^2}{r}(\frac{R-r}{R-1})+\frac{\delta^2}{rm}(\frac{M-m}{M-1})}$$

式中：$\delta^2=\frac{\sum_{i=1}^{r}(\bar{x}_i-\bar{x})}{R}$—组(群)平均数的组(群)间方差。

应用以上公式，在得不到总体资料的情况下，可以用样本资料来代替。

★统计窗口

某地为加强环境保护，加强水质监测，考察河水中某种污染物质是否超标。显然对河水全部检验是不可能的，只能从河水中按照一定地点定时取样检验，根据检验结果推断河水中污染物是否超标。

【思考题】

1.什么是抽样误差？

2.影响抽样误差的因素有哪些？

3.试述随机抽样的概念和特点。

4.试述抽样推断的定义和作用。

【参考阅读材料】

1.[美]David Freedman 等著:统计学，中国统计出版社，1998。

2.卞毓宁:《统计学概论》，教育部高职高专“十五”规划教材。

3.于声涛:《统计学基础》，科学出版社，财经类“十一五”规划教材。

4.陶靖轩:《应用统计学》，中国计量出版社，高等学校适用教材。

5.钱伯海:《统计学入门》，四川人民出版社，1992.6，高等学校财经类专业核心课程教材。

第 7 章　相关分析与回归分析

学习目标

★ 知识目标

1.掌握相关关系的概念、种类及相关关系的计算方法。

2.掌握回归的概念及简单回归直线方程的求法。

3.掌握估计标准误差的含义及计算公式。

4.掌握几种常用的预测方法及其应用条件。

★ 能力目标

1.能熟练运用相关分析方法进行分析。

2.能熟练运用简单回归直线方法开展回归分析。

3.能运用回归分析方法进行简单统计预测。

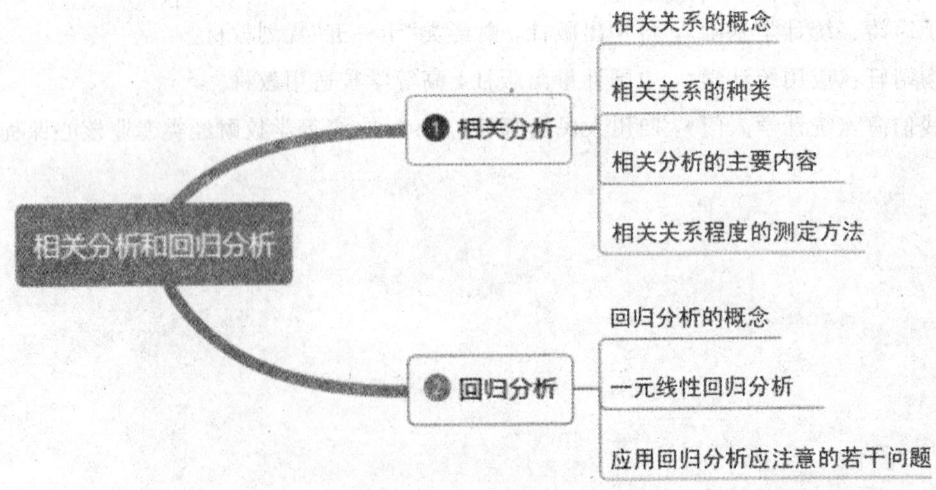

啤酒与尿布

“啤酒与尿布”的故事产生于 20 世纪 90 年代的美国沃尔玛超市中，沃尔玛的超市管理人员分析销售数据时发现了一个令人难于理解的现象：在某些特定的情况下，“啤酒”与“尿布”两件看上去毫无关系的商品会经常出现在同一个购物篮中，这种独特的销售现象引起了管理人员的注意，经过后续调查发现，这种现象出现在年轻的父亲身上。

在美国有婴儿的家庭中，一般是母亲在家中照看婴儿，年轻的父亲前去超市购买尿布。父亲在购买尿布的同时，往往会顺便为自己购买啤酒，这样就会出现啤酒与尿布这两件看上去不相干的商品经常会出现在同一个购物篮的现象。如果这个年轻的父亲在卖场只能买到两件商品之一，则他很有可能会放弃购物而到另一家商店，直到可以一次同时买到啤酒与尿布为止。沃尔玛发现了这一独特的现象，开始在卖场尝试将啤酒与尿布摆放在相同的区域，让年轻的父亲可以同时找到这两件商品，并很快地完成购物；而沃尔玛超市也可以让这些客户一次购买两件商品而不是一件，从而获得啤酒和尿布销售的双赢销售。

“啤酒与尿布”的故事之所以能够成为营销界的经典案例，是因为宝洁公司通过后台销售数据的统计分析，并通过统计分析模型准确地判断商品之间的关联关系。为了获得商品之间准确的关联关系，宝洁公司需要收集家庭购买力、在某地的居住时间、家庭人数、年龄、性别、对某品牌的偏好、消费喜好等多种数据。收集这些数据之后，宝洁公司应当怎样去分析这些数据呢？这些数据是不是跟啤酒和尿布的购买存有内在的联系呢？

§7.1 相关关系

社会经济现象彼此之间相互联系、相互依存、相互制约。比如，人的智力高低与遗传有密切关系。科学家曾做过统计，结果证明：父母智商高的，他们的子女智商也高；父母智商低的，其子女的智商也低。但科学家们还发现另一个规律：子女的智商比起父母的智商，更接近于人群的平均值。例如，若父母智商平均是 135(较高智力水平)，他们的子女智商平均在 128 左右，虽然其子女的智商比正常人要高，但比他们的父母智商要低些。另外一对智商偏低的父母，他们的智商平均为 62，但他们子女的智商为 75，虽比正常水平仍低，但比他们的父母的智商略高，更接近于正常水平(100)。一般来说，遗传对智力的影响占 50%—60%，而环境因素对智力的影响则达 40%—50%。如智力一般的父母，生下的孩子很聪明；或者父母智力水平很高，所生的子女却智力很低，甚至是白痴，这就是环境因素对智力的影响。

§7.1.1 相关关系的概念

在自然界和人类社会中，普遍存在着现象之间的相互依赖、相互制约的关系。一些现象在数量上的发展变化经常伴随着另一些现象数量上的发展变化。现象间的数量关系可分为两种基本类型。

1.函数关系

函数关系是指现象间存在的严格依存的、确定的因果关系，一种现象的数量变化必然决定着另一种现象的数量变化，这种关系可通过精确的数学表达式来反映。例如，圆面积与其半径的关系为 $S=\pi r^2$，自由落体落下的距离与时间的关系为 $h=\frac{1}{2}gt^2$ 等。

2.相关关系

相关关系指的是现象之间确实存在着数量关系，当一种现象的数量发生变化时，另一种现象的数量也相应发生变化，但这种关系不是严格确定的。在相关关系的情况下，因数标志的每个数值，可能有若干个结果标志的数值对应。所以，相关关系是一种不完全依存关系。例如，单位产品成本同产量之间的关系，一般来说，当工厂规模扩大，产品产量增加时，单位产品成本之所以会下降是因为生产的规模经济。但由于影响产品成本的因素众多，有主要的，也有次要的;有必然的，也有偶然的;有随机的，也有非随机的;有观测得到的，也有观察不到的等。同一产量水平下，可能会出现各种各样的单位成本，或者某一确定的单位成本对应着不同的产量，两者的关系不是唯一确定的。

★ 课堂讨论

2018 年 3 月 23 日凌晨，从太平洋西岸的美国华盛顿传来震动全球市场的消息:美国正式在中美贸易战场上开了第一枪！北京时间 3 月 23 日 0 时 50 分左右，美国总统特朗普在白宫正式签署对华贸易备忘录。特朗普当场宣布，将有可能对从中国进口的600 亿美元商品加征关税，并限制中国企业对美投资并购。贸易战开打对相关产业必然会造成负面影响，中国对美国反制时，中国对美汽车进行制裁，美系车销售受到非常大的影响。有关中美贸易战最新消息，在贸易战的大背景之下，美系车已经成为牺牲品。

讨论:请从相关性的角度讨论，为什么中美贸易摩擦让美系车成为牺牲品？

3.函数关系与相关关系的区别与联系

函数关系与相关关系的区别，突出表现在变量之间的具体关系值是否确定，即函数关系是确定的，相关关系是不确定的。

函数关系与相关关系的联系表现在，对具有相关关系的现象进行分析时，必须利用函数关系数学表达式来表明现象之间的相关方程式。相关关系是相关分析的研究象，函数关系是相关分析的工具。

综上所述，相关关系是现象之间确实存在，但关系数值不固定的相互依存关系。相关分析则是研究一个变量与另一个变量或另一组变量之间相关密切程度和相关方向的一种统计分析方法。

§7.1.2 相关关系的种类

客观现象之间的相关关系是错综复杂的，从不同角度可以分成不同的种类。

1.按相关的程度可分为完全相关、不完全相关和不相关

当一个变量的变化完全由另一个变量所决定时，称变量间的这种关系为完全相关关系，这种严格的依存关系实际上就是函数关系。当两个变量的变化相互独立、互不影响时，称这两个变量不相关，实际上，这里的不相关就是独立，即变量间没有任何关系。当变量之间存在不严格的依存关系时，称为不完全相关。不完全相关关系是现实当中相关关系的主要表现形式，也是相关分析的主要研究对象。

★课堂讨论

一位富二代在车内吃香蕉，发现香蕉腐烂后随手扔到窗外。一穷人的孩子经过时拾起来吃掉，结果吃坏了肚子引起发烧。当天晚上，该富二代父亲的工厂因火灾毁于一旦，原因是当夜值班的警卫临时离开，起因是他的孩子吃了捡到的香蕉发烧了。

讨论：富二代随手向车外扔香蕉与其父亲的工厂烧毁之间有何关系？

2.按相关的方向可分为正相关和负相关

当一个变量随着另一个变量的增加(减少)而增加(减少)，即两者同向变化时，称为正相关，如家庭收入与家庭支出之间的关系，一般随着家庭收入的增加，家庭支出也会随之增加。当一个变量随着另一个变量的增加(减少)而减少(增加)，即两者反向变化时，称为负相关，如产品产量与单位成本之间的关系，单位成本会随着产量的增加而减少。

★课堂讨论

吸烟与患肺癌这两者之间能画等号吗？并不能。不吸烟就表示不用担心会被肺癌缠绕？也不是。相关研究表明，烟民群体中患上肺癌的人在总吸烟者中不到20%，而不吸烟的人中也有10%—15%被肺癌折磨。看到这组数据，烟民朋友们是不是开始心存侥幸了——10个烟民中有2个会患上肺癌，怎么会那么巧轮到自己呢？但小编要说的是，研究也表明，90%的肺癌患者都有过吸烟史。

讨论：吸烟与肺癌之间是正相关关系还是负相关关系？

3.按相关的形式可分为线性相关和非线性相关

当变量之间的依存关系大致呈现为线性形式，即当一个变量变动一个单位时，另一个变量也按一个大致固定的增(减)量变动，就称为线性相关。当变量间的关系不按固定比例变化时，就称为非线性相关。上述的这些相关关系如图 7－1 所示。

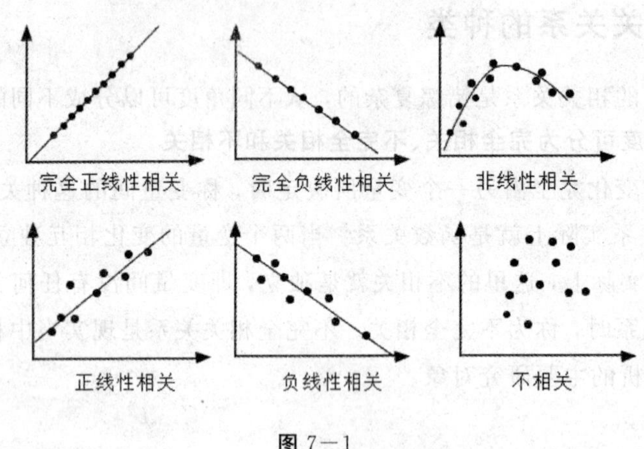

图 7－1

4.按研究变量的多少可分为单相关、偏相关和复相关

两个变量之间的相关，称为单相关。一个变量与两个或两个以上其他变量之间的相关，称为复相关。在复相关的研究中，假定其他变量不变，专门研究其中两个变量之间的相关关系时称其为偏相关。

§7.1.3 相关分析的主要内容

对客观现象具有的相关关系进行分析研究称为相关分析。相关分析所采用的方法称为相关分析法。我们通过数据的相关性分析，是希望得到现象之间的因果联系，以便我们对客观现象作出某种判断，或进行推算和预测。需要注意的是，进行相关分析之前，必须先对被研究的现象作出定性判断，明确所研究的现象之间客观上确实存在内在的实质联系，而不是形式上的偶然巧合，然后才能进行定量分析。例如，某企业曾作过一个调查，发现有段时间工人迟到人数与产品合格率高度正相关。经深入调查分析，发现冬天天气冷，职工迟到人多。但是，冬天生产设备散热好，造成产品合格率高。迟到现象与产品合格率实际上不过是一种虚假相关。相关分析主要内容如下：

1.确定相关关系的存在

这是相关分析的出发点。例如，统计发现，手指头越黄的人，得肺癌的概率越大。但事实上，手指的颜色和得肺癌的概率之间没有直接的因果联系。统计数据显示的相关性是因为手指黄和肺癌都是由吸烟造成的，由此造成了这两者之间的虚假相关性。

2.相关关系的密切程度

客观现象之间如果具有某种相关关系，那么，就要进一步地确定这种关系的密切程度。

显然，关系不密切，我们就不必太重视它；关系密切，我们就要重视它，并据以进行推算和预测。判断相关关系密切程度的主要方法是绘制相关图和计算相关系数。相关图能帮助我们做一般性判断，相关系数则能从数量上明确说明相关关系的密切程度。

3.**确定相关关系的具体形式**

相关关系表现形式不同，使用的相关分析方法也就不同。相关分析的一个目的就是要确定自变量和因变量之间的一般性关系。也就是说，当自变量改变一定量时，一般来讲，因变量会发生多大数量上的变化，也就是建立一种类似函数关系的数学表达式。这种近似表达式通常叫作经验公式。有了这种经验公式，我们就找到了现象之间相互依存关系的数量上的规律性，这是进行判断、推算和预测的依据。

4.**测定因变量估计值和实际值之间误差的程度，以反映因变量估计值的可靠性**

因变量与自变量之间找到了其一般的数量变化关系，即经验公式，我们就可以根据这个经验公式得到若干个因变量的估计值。这个估计值与实际观察值肯定是有出入的。从认识上讲人们需要这种准确程度有多大。用来反映因变量估计值准确程度的指标叫估计标准误差。

§7.1.4 相关关系程度的测定方法

相关关系的测定方法有两种，一种是定性分析，另一种是定量分析。

1.**定性分析**

定性分析是依据研究者的理论知识、专业知识和实践经验，对客观现象之间是否存在相关关系，以及有何种相关关系作出判断。定性分析可以通过编制相关表、绘制相关图来判别两个变量之间是否存在着某种相关关系及相关的方向、形态和大致的密切程度。

(1)编制相关表

相关表是用来反映变量之间相关关系的统计表。相关表仍然是统计表的一种。将因素标志值按照从小到大的顺序并配合结果标志值一一对应而平行排列起来，即可得到简单相关表。

相关表是进行相关分析和绘制相关图的基础。变量之间的相关关系从表面上看有时是杂乱无章、看不出规律的，通过对资料进行排序，编制成相关表，可以初步观察现象之间的相关方向、形式和密切程度。

例 7－1

调查人员对 A 公司 2008—2018 年各年销售收入和广告费用进行统计调查，得到以下资料，如表 7－1 所示。

表 7－1　　A 公司 2008—2018 年各年销售收入和广告费用的原始资料

广告费/万元	30	33	33	40	56	58	65	72	80	80	90
销售收入/百万元	12	12	12	13	14	16	20	22	26	26	30

从表中可以直观地发现，随着广告费用的提高，该公司的销售收入有相应 Tiga 的趋势，两个变量之间存在明显的正相关关系。

(2)绘制相关图

相关图也称相关散点图或散点图。它是以直角坐标系的横轴代表自变量，纵轴代表因变量，将两个变量间相对应的变量值用坐标点的形式描绘出来，用来反映两变量之间相关点分布状况的图形。

通过相关图可以更为直观地反映变量之间的相关方向和密切程度，当 y 对 x 是函数关系时，所有的相关点都会分布在某一条线上；不完全相关关系则由于其他因素的影响其相关点并非处在一条线上，但所有相关点的分布也会显示出某种趋势。

例 7－2

绘制出该公司年销售收入和广告费用的相关图。

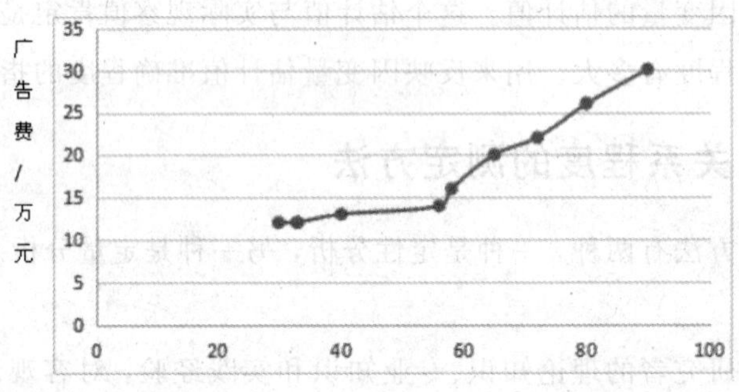

图 7－2　销售额/百万元

从图 7－2 可以看出，该公司广告费用和销售收入成正相关。图中各点虽然不完全在同一条直线上，但有形成一条直线的趋势。

2.**定量分析——相关系数**

变量之间相关关系的定量分析主要通过相关系数分析进行。相关表和相关图可反映两个变量之间的相互关系及其相关方向，但无法确切地表明两个变量之间相关的程度。英国著名统计学家卡尔·皮尔逊提出的相关系数可以比较精确地计算和测定两个变量之间的相关程度。

(1)计算相关系数

相关表和相关图只能大体上反映标志之间的相关关系。如果现象之间存在线性相关关系，可以通过计算相关系数来确定相关关系的密切程度。相关系数基本公式如下：

$$r=\frac{\sigma_{xy}^{2}}{\sigma_{x}\sigma_{y}} \qquad \text{(式 7－1)}$$

式中：$\sigma_{xy}^{2}=\dfrac{\sum(x-\bar{x})(y-\bar{y})}{n}$称为协方差；

$\sigma_{x}=\sqrt{\dfrac{\sum(x-\bar{x})^{2}}{n}}$是 x 的标准差；

$\sigma_y=\sqrt{\dfrac{\sum(y-\bar{y})^2}{n}}$ 是 y 的标准差。

所以相关系数可表示为如下形式。

$$r=\frac{\sum(x-\bar{x})(y-\bar{y})}{n\sigma_x\sigma_y}\text{或}r=\frac{\sum(x-\bar{x})(y-\bar{y})}{\sqrt{\sum(x-\bar{x})^2(y-\bar{y})^2}}\qquad(\text{式 }7-2)$$

例 7—3

某企业某产品各月产量与生产费用资料如表 7－2 所示。

表 7—2　　　　**相关系数计算表**

序号	月产量(千吨)	生产费用(万元)	$x-\bar{x}$	$(x-\bar{x})^2$	$y-\bar{y}$	$(y-\bar{y})^2$	$(x-\bar{x})(y-\bar{y})$
1	1.2	62	−3.35	11.2225	−48	2304	160.8
2	2.0	86	−2.55	6.5025	−24	576	61.2
3	3.1	80	−1.45	2.1025	−30	900	43.5
4	3.8	110	−0.75	0.5625	0	0	0
5	5.0	115	0.45	0.2025	5	25	2.25
6	6.1	132	1.55	2.4025	22	484	34.1
7	7.2	135	2.65	7.0025	25	625	66.25
8	8.0	160	3.45	11.9025	50	2500	172.5
合计	36.4	880	0	41.92	0	7414	540.6

由表 7－2 中的数据可知：$\bar{x}=4.55$，$\bar{y}=110$，$\sum(x-\bar{x})^2=41.92$，$\sum(y-\bar{y})^2=7414$，则 $\sum(x-\bar{x})(y-\bar{y})=540.6$

将以上数据代入上述相关系数计算公式得：

$$r=\frac{\sum(x-\bar{x})(y-\bar{y})}{\sqrt{\sum(x-\bar{x})^2(y-\bar{y})^2}}=\frac{540.6}{\sqrt{41.92\times7414}}=0.9697$$

由计算结果可知，该产品月产量和生产费用之间的线性相关程度是高度正相关。

在实际工作中，利用(式 7－2)比较麻烦，可将其做如下变形：

$$L_{xy}=\sum(x-\bar{x})(y-\bar{y})=\sum xy-\bar{x}\sum y-\bar{y}\sum x+n\,\bar{x}\,\bar{y}$$

$$=\sum xy-\frac{1}{n}\sum x\sum y-\frac{1}{n}\sum x\sum y+\frac{1}{n}\sum x\sum y=\sum xy-\frac{1}{n}\sum x\sum y$$

令

$$L_{xx}=\sum xx-\frac{1}{n}\sum x\sum x=\sum x^2-\frac{1}{n}(\sum x)^2$$

$$L_{yy}=\sum yy-\frac{1}{n}\sum y\sum y=\sum y^2-\frac{1}{n}(\sum y)^2$$

则(式 7－2)可转化为：

$$r=\frac{L_{xy}}{\sqrt{L_{xx}L_{yy}}} \qquad \text{(式 7—3)}$$

例 7—4

仍以表 7—2 的资料为例说明相关系数简捷法的应用。计算过程如表 7—3 所示。

表 7—3 相关系数简捷法计算表

序号	月产量(千吨)	生产费用(万元)	x^2	y^2	xy
1	1.2	62	1.44	3844	74.4
2	2.0	86	4.00	7396	172.0
3	3.1	80	9.61	6400	248.0
4	3.8	110	14.44	12100	418.0
5	5.0	115	25.00	13225	575.0
6	6.1	132	37.21	17424	805.2
7	7.2	135	51.84	18225	972
8	8.0	160	64.00	25600	1280.0
合计	36.4	880	207.54	104214	4544.6

由表 7—3 计算可知：$\sum x^2=207.54$，$\sum y^2=104214$，$\sum xy=4544.6$，$\sum x=36.6$，$\sum y=880$，则：

$$L_{xy}=\sum xy-\frac{1}{n}\sum x\sum y=4544.6-\frac{1}{8}\times 36.4\times 880=540.6$$

$$L_{xx}=\sum x^2-\frac{1}{n}(\sum x)^2=207.54-\frac{1}{8}\times 26.4^2=41.92$$

$$L_{yy}=\sum x^2-\frac{1}{n}(\sum y)^2=104214-\frac{1}{8}\times 880^2=7414$$

可见，式(7—2)和式(7—3)的计算结果是一致的，说明该产品产量与生产费用之间的线性相关程度是高度正相关的。

(2)相关系数的分析

掌握相关系数的性质是进行相关系数分析的前提，相关系数 r 表示两个变量 x 和 y 之间线性关系的密切程度，其值介于—1 与 1 之间，即 $-1\leqslant r\leqslant 1$，其性质如下。

1)当 $r>0$ 时，表示两变量正相关；当 $r<0$ 时，表示两变量为负相关。

2)当 $|r|=1$ 时，表示两变量为完全线性相关，即为函数关系。

3)当 $r=0$ 时，表示两变量间无线性相关关系。

4)当 $0<|r|<1$ 时，表示两变量存在一定程度的线性相关。且 r 越接近 1，两变量间的线性关系越密切；r 越接近于 0，两变量间的线性相关程度越弱。

相关系数按三级划分：$|r|<0.4$ 为低度线性相关；$0.4\leqslant|r|<0.7$ 为显著线性相关；

$0.7 \leqslant |r| < 1$ 为高度线性相关。

例 7—5

计算的相关系数为 0.9767，说明月广告投入与平均销售额之间呈高度线性正相关。

§7.2 线性回归模型——一元线性回归

相关分析只能反映出相关关系的方向和密切程度，要想刻画变量之间的数量依存状况，就需要进行回归分析。

§7.2.1 回归分析的概念

回归分析是对具有相关关系的现象，根据其形态，选择一个合适的数学模型(简称回归方程)，用来近似地表示变量间的平均变化关系的一种统计分析方法。它实际上是相关现象间不确定、不规则的数量关系的一般变化和规则化。采用的方法是利用直线或曲线，来代表现象之间的一般数量关系。这条直线或曲线叫回归直线或回归曲线。它们的方程式叫直线回归方程或曲线回归方程。

1.回归分析和相关分析的区别

(1)相关分析所研究的两个变量是对等关系，回归分析所研究的两个变量不是对等关系，必须根据研究目的，先确定其中一个是自变量，另一个是因变量。

(2)对两个变量 x 和 y 来说，相关分析只能计算出一个反映两个变量间相关密切程度的相关系数，计算中改变 x 和 y 的地位不影响相关关系的数值；回归分析有时可以根据研究目的不同分别建立两个不同的回归方程。以 x 为自变量，y 为因变量，可以得出 yx 的回归方程；以 y 为自变量，x 为因变量，可得出 x 倚 y 的回归方程。

(3)相关分析对资料的要求是，两个变量都必须是随机变量，而回归分析对资料的要求是，自变量是可以控制的变量(给定的变量)，因变量是随机变量。

2.回归分析与相关分析的联系

(1)相关分析是回归分析的基础和前提。如果缺少相关关系，没有从定性上说明现象间是否具有相关关系，没有对相关关系的密切程度作出判断，就不能进行回归分析，即便勉强进行了回归分析，也是没有实际意义的。

(2)回归分析是相关分析的深入和继续。仅仅说明现象间具有密切的相关关系是不够的，只有进行了回归分析，拟合了回归方程，才可能进行有关分析的回归预测，相关分析才有实际的意义。因此，如果仅有回归分析而缺少相关分析，将会因为缺乏必要的基础和前提而影响回归分析的可靠性；如果仅有相关分析而缺少回归分析，就会降低相关分析的意义。只有把两者结合起来，才能达到统计分析的目的。在建立回归方程进行预测时必须注意以下问题。

①因变量与自变量之间要有显著的相关关系。

②因变量与自变量之间的关系必须是强相关关系，而自变量与自变量之间的关系则必须为不密切的弱相关或零相关关系。

③自变量的测定值必须比因变量的测定值精确或容易求得。

④要正确选用回归方程的形式。

§7.2.2 一元线性回归分析

一元线性回归模型是描述两个变量之间相互联系的最简单的回归模型。一元线性回归虽然简单，但通过一元线性回归模型的建立过程，我们可以了解回归分析方法的基本统计思想，以及它在经济研究中的应用原理。本节将详细讨论一元线性回归的建模、最小二乘估计及其性质等。

1.一元线性回归模型的概念

通过相关系数，只能了解因变量和自变量相关关系的密切程度和方向，但是不能用来根据自交量的变动估计因变量的变动。为了根据某一因素的数值来估计另一因素的数值，根据已知推求未知，就需要进行回归分析。

一元线性回归模型又称简单直线回归模型，它是根据成对的两种变量的数据，配合直线方程式，根据自变量的变动，来推算因变量发展趋势和水平的方法。它是研究相互关联的两种经济现象数量变动依存关系的一种方法。

2.一元线性回归分析的步骤

(1)根据相关理论确定自变量和因变量，并分析它们之间的数学形式，建立回归模型。

(2)利用样本资料对回归模型中的参数进行估计

(3)对估计得到的回归方程进行统计检验，判断回归模型的优劣。

(4)在通过统计检验后，利用回归方程进行分析和预测。

3.构建回归模型的条件

(1)现象之间确实存在数量上的相互依存关系。只有当两个变量存在高度名确的相关关系时，建的回归模型才有意义，用以进行分析和预测方有价值。

(2)现象之间存在直线相关关系。一元线性回归方程在图形上表现为一条直线，因此，只有当两个变量的相关关系表现为直线相关时，所拟合的直线方程方是对客观现象的真实描述，才可用来进行统计分析。如果现象之间的相关关系表现为曲线相关，却拟合成一条直线，这必然会得出错误的分析结论。实际中，一般是借助散点图来判断现象是否成直线相关。

(3)具备一定数量的变量观测值。回归方程是根据自变量和因变量的样本观值求得的，因此，变量 x 和变量 y 两者应有一定数量的对应观测值，这是构建直线方程的依据。如果观值大小，受随机因素的影响较大，就不易观测出现象之间变动的规律性，所求出的直线回归方程也就没有多大意义了。

4.一元线性回归方程的求法

若以 x 表示自变量，y 表示因变量，则其基本形式为：

$$y=a+bx \tag{式 7—4}$$

式中：x 表示自变量的实际值；

y 表示利用回归方程推算出的因变量的理论估计值；

a、b 表示待定参数。其中，a 是直线方程的截距，代表直线的七点值；b 是斜率，也称回归系数，代表着自变量每变动一个单位时因变量的平均变动数值。一旦解出 a、b，表明变量之间一般关系的回归直线就可以确定下来。

模型中的参数 a、b，通常采用最小二乘法求解。最小二乘法的基本思想如下：

$$\sum(y-y)^2=\text{最小值}$$

$$\sum(y-a-bx)^2=\text{最小值}$$

令 $$G(a_2b)=\sum(y-a-bx)^2$$

根据最小二乘法原理，可以应用下列标准方程组，来求解的数值：

$$\frac{\partial G}{\partial a}=0,\ \frac{\partial G}{\partial b}=0 \tag{式 7—5}$$

得 $$\begin{cases}\sum^2(y-a-bx)(-1)=0\\ \sum(y-a-bx)(-x)=0\end{cases} \tag{式 7—6}$$

即 $$\begin{cases}\sum y=na+b\sum x\\ \sum xy=a\sum x+b\sum x^2\end{cases} \tag{式 7—7}$$

解之求得解 a 和 b 的数值：

$$\begin{cases}b=\dfrac{n\sum xy-\sum x\sum y}{n\sum x^2-(\sum x)^2}=\dfrac{Lxy}{Lxx}\\ a=\dfrac{\sum y}{n}-\dfrac{b\sum x}{n}=\bar{y}-b\bar{x}\end{cases} \tag{式 7—8}$$

例 7—6

根据例 7—3 中的资料求回归直线方程 $\dot{y}=a+bx$。

由表 7—3 中的数据可知：$\sum x^2=207.54$，$\sum y^2=104214$，$\sum xy=4544.6$，$\sum x=36.6$，$\sum y=880$，$L_{xy}=540.6$，$L_{xx}=41.92$，$\bar{x}=\dfrac{\sum x}{n}=4.55$，$\bar{y}=\dfrac{\sum y}{n}=110$。

代入式(7—8)得：

$$b=\frac{L_{xy}}{L_{xx}}=\frac{540.6}{41.92}=12.9$$

$$a=\bar{y}-b\bar{x}=110-12.9\times4.55=51.3$$

所以，该企业月产量和生产费用的估计方程为：

$$\hat{y}=51.3+12.9x$$

此方程表明：月产量每增加1千吨，生产费用平均增加12.9万元。如果我们给定一个确定的值，并将其代入回归方程就可以求得相应的因变量的估计值

以例7－4为例，估计月产量为7000吨时的生产费用为：

$$\hat{y}_0=51.3+12.9\times7=141.6(万元)$$

§7.2.3 应用回归分析应注意的若干问题

应用回归分析应注意的若干问题用回归方程分析变量之间的变动关系，是一种科学的方法，在计算和应用时，应注意如下几点：

(1)正确应用回归分析的前提条件是要先对现象进行定性分析。在定性分析时，要确定变量之间有无真正的联系？是表面上的还是内在的联系？是偶然的巧合，还是必然的联系？哪个是自变量？哪上是因变量？这些问题是回归分析的基础。要搞好定性分析，必须熟悉所研究的问题，有足够的理论知识、专业知识和实践经验。

(2)在定性分析的基础上进行定量分析，是保证正确运用回归分析的必要条件。

(3)回归系数只说明自变量与因变量变动的比例关系，不表示变动的密切程度。回归系数的大小取决于变量计算单位的大小，在回归分析中，要选择适当的计算单位，并联系计算单位研究回归系数。

(4)应用回归分析方法进行推算或预测时要注意条件的变化。

(5)注意社会经济现象的复杂性。

(6)在进行回归分析时，最好与相关分析、估计标准误差同时使用。

【思考题】

1.相关分析的意义是什么？

2.相关分析的种类有哪些？

3.相关关系的特点是什么？

4.回归分析的概念与特点是什么？

第 8 章　时间数列

学习目标

★ 知识目标

1.了解时间数列的基本概念、分类。

2.了解时间数列的 3 种变动长期趋势变动、季节变动、不规则变动。

3.熟悉时间数列水平分析指标与速度分析指标的种类。

4.掌握时间数列长期趋势的测定方法。

5.重点掌握时间数列的 4 个水平分析指标和 4 个速度分析指标的计算与应用。

★ 技能目标

1.能够熟练掌握平均发展水平的分类及计算方法。

2.能够熟练掌握长期趋势的 3 种测定方法及实际应用。

案例引导

2018 年中国农村网民达 2.21 亿人

2018 年 4 月 22 日开幕的首届数字中国建设峰会上，农业农村部发布《农业农村信息化发展前景及政策导向》，据相关数据显示，到 2017 年底我国农村地区网民线下消费使用手机网上支付的比例已提升至 47.1%。据数据统计，到 2017 年年底我国网民中农村网民占比达 27%，农村网民规模达 2.09 亿人，农村互联网普及率上升至 35.4%。据中商产业研究院预测，2018 年中国农村网民规模达 2.21 亿人。

2013—2018年中国农村网民规模及预测情况

§8.1 时间数列概述

§8.1.1 时间数列的概念和意义

1.时间数列的概念

世界上的任何事物都不是静止不变的，社会经济现象也不例外。统计不仅要从静态方面研究社会经济现象的数量特征和数量关系，而且还要从动态方面分析研究社会经济现象的变化趋势及其发展变化的规律性。时间数列就是用来进行动态分析的。时间序列是一种统计数列，它是将反映某类现象在时间上变化和发展的一系列指标数值，按其时间先后顺序排列而形成的统计数列。由于时间数列表现了现象在时间上的动态变化，故又称为动态数列。

时间数列由两个基本要素构成：一是时间名称，即现象所属的时间；二是指标数值，即表明现象特点的各项指标数值。表 8－1 就是一个典型的时间数列。

表 8－1　　2009—2018 年我国国民经济基本水平指标资料

年份	国内生产总值（亿元）	年末总人口（万人）	人均国内生产总值（元）	城镇单位就业人员平均工资（元）
2018	900309.5	139538	64521	82461
2017	820754.3	139008	59044	74318
2016	740060.8	138271	53522	67569
2015	685992.9	137462	49904	62029
2014	641280.6	136782	46883	56360
2013	592963.2	136072	43577	51483
2012	538580	135404	39776	46769
2011	487940.2	134735	36215	41799
2010	412119.3	134091	20734	36539
2009	348517.7	133450	26116	32244

2.时间数列的作用

由于时间数列可以反映社会经济现象的发展过程及其规律性，所以，在统计分析中具有重要的作用，时间数列的作用可以概括为如下几点：

①可以反映客观现象发展变化的状态和结果。

②可以反映客观现象发展变化的过程（包括历史、现在和将来），从而帮助人们研究和探索客观现象发展变化的规律性。

③可以分析研究客观现象之间的联系程度及其发展变化的趋势。

④可以进行外推预测。

§8.1.2 时间数列的种类

时间数列按其所排列的统计指标的性质不同，可以分为总量指标时间数列、相对指标时间数列和平均指标时间数列三种。其中总量指标时间数列是基本数列，相对指标时间数列和平均指标时间数列是派生数列。

1.总量指标数列

将某一总量指标在不同时间上的数值，按照时间的先后顺序排列而成的数列称为绝对数时间数列。它反映某一社会经济现象在各个时期所达到的绝对水平及其发展的趋势。绝对数时间数列根据所反映的社会经济现象的时间性质不同，又可分为时期数列与时点数列。

(1)时期数列。它所用的总量指标是时期指标，反映某种现象在一段时期内发展过程的累计总量。例如，表 8－1 中 2014—2018 年各年的国内生产总值构成是时间数列即为时期数列。

时期数列具有以下几个特点。

①数列具有连续统计的特点。时期指标由于反映的是现象在一段时间内发展过程的总量它就必须将这段时间内所发生的数量逐一登记后进行累计而取得。

②数列中各个指标数值可以相加。由于数列中每一指标值反映的是某段时间内的积累量，因而各指标数值可以相加，相加后的数值表示现象在更长时间内的积累量。

③数列中的各个指标值的大小与所包括的时期长短有直接关系。时期数列中，每一指标值所体现的时间长短，可以称为“时期”。所以，时期越长，指标值越大；时期越短，指标值越小。

例如，表 7－2 中 5 年的国内生产总值一定大于 1 年的国内生产总值。

(2)时点数列。在总量指标时间数列中，如果指标值反映的是某种社会现象在某一时刻上的状态和总量，则这种数列称为时点数列。或者说，时点数列是指一序列时点指标值构成的数列。例如，表 8－1 中隔年年末总人口数数列就是时点数列。

时点数列的特点：

①数列中指标值采用间断统计的方式获得。时点指标只反映现象在某时点上的数量，所以每个指标数值的取得，是通过间隔一定时期登记一次取得的。

②数列中各个指标值不具有可加性。由于数列中每个数值表明现象在某瞬间的数量，几个数值相加后，无法说明这个数值是属于哪一时点上现象的数量，没有实际意义。例如，将表 8－1 的年末人口数数列中的各年末人口数相加没有任何实际意义。

③数列中每个指标值的大小与其时间间隔长短没有直接联系。时点数列中，两个相邻指标在时间上的距离称为“间隔”，间隔时间越长，不一定数值就大，反之，也不一定小。

2.相对指标时间数列

将某一相对指标在不同时间上的数值，按照时间的先后顺序排列而成的数列称为相对数时间数列。它是用来反映社会经济现象在时间上的比例、结构和强度等对比关系的发展变化过程及其特征的数列。相对指标时间数列是由两个总量指标时间数列对比形成的。它可以是由两个时期数列对比、两个时点数列对比或一个时期数列和一个时点数列对比所形成。由于相对指标数列中的各个指标都是相对数，所以不能直接相加。例如，表 8－1 中的人均国民生产总值数列就是相对数时间数列。

3.平均指标时间数列

将某一平均指标按照时间的先后顺序排列而成的数列称为平均数时间数列。它是用来研究与分析社会经济现象一般水平的发展趋势，平均指标时间数列也是由两个总量指标时间数列对比形成的，它可以是由两个时期数列对比、两个时点数列对比或一个时期数列和一个时点数列对比所形成。由于平均指标数列中的各个指标都是平均数，所以不能直接相加。

§8.1.3 时间数列的编制原则

编制时间数列的主要目的是通过数列中的指标数值进行动态分析，来研究社会经济现象的发展变化过程及其变动趋势。所以保证数列中各个指标之间的可比性，就成了编制时间数列应遵循的原则。可比性的具体要求有如下几点：

1.同一时间数列，时期(或间隔)长短应该统一

对于时期数列而言，它的指标数值的大小，与其时期长短有直接关系。所以如果各个指标数值所包含的时期长短不同，就很难进行对比分析；对于时点数列，也要求时间间隔尽可能相一致，以便更准确地进行对比分析。

2.总体范围应该一致

在时间数列中，指标数值的大小与被研究现象所属总体空间范围有直接关系，所以，如果各个指标数值所属的总体空间范围不一致(如行政区划发生变化)，则前后数值就不能直接进行对比，此时应对指标数值进行调整，使总体范围前后达到一致，然后再作动态分析。

3.指标的经济内容应该相同

在时间数列中，有时会出现指标名称相同，但前后经济内容不一致，也不能进行对比。一旦经济内容不一致，就应该进行调整。

4.指标的计算方法

计算价格和计量单位应该一致，计算方法有时也称计算口径，在时间数列中指标名称和指标内容都一致时，有时因计算口径不一致(如工业企业劳动生产率既可以按全员计算，也可按生产工人计算)，在价值指标中计算价格不一致(价格有不变价格和现行价格之分)，在实物指标中计量单位不一致等，在指标数值中也就不具有可比性。保证时间数列中各个时期(时点)指标数值的可比性是认识客观事物发展变化的原则。但是任何事物绝对可比是不存在的，在利用时间数列进行动态分析时，只要能满足统计研究目的的基本要求，就可视为可比。

§8.2 时间数列的水平指标

§8.2.1 时间数列的发展水平

编制时间数列是为我们进行动态分析和研究提供数量依据，而要对现象进行分析和研究，则要通过具体的统计指标来实现。常用的动态分析指标有：发展水平、平均发展水平、增长量、平均增长量、发展速度、增长速度、平均发展速度和平均增长速度等。前四种用于现象发展的水平分析，属于水平指标；后四种用于现象的发展速度分析，属于速度指标。水平指标是速度指标的基础，速度指标是水平指标进一步加工的结果，是动态分析的继续与深入。本节先讨论水平指标。

1.发展水平

所谓发展水平，又称发展量，是指时间数列中每一项具体的统计指标数值。它具体反映社会经济现象在各个不同时期或时点上所达到的规模和水平，通过不同时期发展水平的比较，可以给人具体的、深刻的印象。它是计算其他时间数列分析指标的基础，是计算其他动态分析指标的基础，多用 a_i，$i=1, 2, 3, \cdots, n$ 表示，例如表 8-2 所示。

表 8-2　　2011—2018 年我国国经济发展水平

年份	2011	2012	2013	2014	2015	2016	2017	2018
国内生产总值(亿元)	487940.2	538580	592963.2	641280.6	685992.9	740060.8	820754.3	900309.5
人均国内生产总值(元)	36215	39776	43577	46883	49904	53522	59044	64521
城镇单位就业人员平均工资(元)	41799	46769	51483	56360	62029	67569	74318	82461

作为发展水平，它既可以是总量指标，也可以是相对指标或平均指标。由总量指标里的时间数列，其指标数值，即为总量指标发展水平：由相对指标组成的时间数列，其指标数即为相对指标发展水平；由平均指标组成的时间数列，其指标数值即为平均指标发展水平。

2.发展水平的分类

(1)由于发展水平指标在时间数列中所处的位置不同，可以分为最初水平、最末水平和中水平。处于时间数列首项的指标数值，叫最初水平；处于末项的指标数值，叫最末水平；中间各项的指标数值，叫中间水平。如表8－2中，a_1 为期初水平，a_8 为期末水平，a_2、a_3、a_4、a_5、a_6、a_7 为中间水平。

(2)发展水平按其具体表现形式不同，可以分为绝对数发展水平、相对数发展水平和平均数发展水平。比如表8－2中，国内生产总值和年末总人口数就是绝对发展水平，人均国内生产总值就是相对水平，城镇居民平均工资就是平均水平。其中绝对数发展水平是最基本的发展水平。

(3)发展水平按其在时间数列分析中所起的作用不同，可以分为报告期(发展)水平和基期(发展)水平。

在时间数列的分析中，通常将所要分析研究的那一时期(时点)的数值叫作报告期水平，把用来作为对比基础的那一时期的水平称为基期水平。这里要注意的是在时间数列的分析中，报告期水平和基期水平不是固定不变的，这要视研究的目的来确定。发展水平在文字上，习惯用“增加到”或“增加为”、“降低到”或“降低为”来表示。

§8.2.2 时间数列的平均发展水平

平均发展水平又称平均量，就是根据时间数列中各个不同时期发展水平加以平均而得到的平均数，又叫序时平均数或动态平均数，记作 $\bar{a}$。平均发展水平用以反映不同时间上的发展水平，动态平均数反映的是现象总体某一指标在一段时期内地一般水平。下面分别介绍每种时间数列平均发展水平的计算。

序时平均数与前面讲过的一般平均数有共同之处，都是把现象的数量差异抽象化，反映现象数量的一般水平。但两者也有区别，序时平均数所平均的是现象在不同时间上的数量差异，从动态上说明某一段时间内发展的一般水平，它是根据时间数列计算的；而一般平均数所平均的是同时间内总体各单位某一数量标志值的差异，从静态上说明现象在一定条件下的一般水平，它是根据变量数列计算的。

平均发展水平可以根据总量指标时间数列计算，也可以根据相对指标时间数列或平均指标时数列计算。从计算方法来说，总量指标时间数列平均发展水平的计算是最基础的。

1.总量指标时间数列序时平均数的计算

总量指标时间数列分别为时期数列和时点数列，由于两者特点不同，计算平均数的方法也不同。

(1)时期数列计算序时平均数

由于时期数列中是指标数值具有可加性特点，所以可以采用简单算术平均数方法计算，即将数列中各期指标值相加除以时期数。公式如下：

$$\bar{a}=\frac{a_1+a_2+\cdots+a_n}{n}=\frac{\sum a_i}{n} \quad \text{（式 8－1）}$$

式中，$\bar{a}$ 为平均发展水平(序时平均数)；

$a_n(a_1, a_2, \cdots, a_n)$为各期发展水平；

n 为时期数列的项数。

例 8－1

假定某商场 2013—2018 年的销售资料如表 8－3 所示，计算该商场年均销售量。

表 8－3　**某商场 2013—2018 年销售资料**　**单位:万元**

年份	2013 年	2014 年	2015 年	2016 年	2017 年	2018 年
销售量/万元	2000	2100	2050	2270	2630	3200

该商场年均销售量为：

$$\bar{a}=\frac{\sum a_i}{n}=\frac{2000+2100+2050+2270+2630+3200}{6}=2375(\text{万元})$$

(2)时点数列计算序时平均数

时点数列有连续时点数列和间断时点数列之分，而连续时点数列和间断时点数列又分别有间隔相等和间隔不等两种情况，它们的表现不同，计平均数的方法也不同。

- 时点数列
  - 连续时点数列
    - 间隔相等的连续时点数列
    - 间隔不相等的连续时点数列
  - 间断时点数列
    - 间隔相等的间断时点数列
    - 间隔不相等的间断时点数列

①连续时点数列的平均发展水平

a.间隔相等的连续时点数列。此数列的统计资料逐日记录，逐日排列，未加任何分组，而它的序时平均数的计算同时期数列一样，用简单算术平均法计算。其计算公式如(式 8－2)

$$\bar{a}=\frac{a_1+a_2+\cdots+a_n}{n}=\frac{\sum a_i}{n} \quad \text{（式 8－2）}$$

式中，$\bar{a}$ 为时点数列的平均发展水平；

$a_n(a_1, a_2, \cdots, a_n)$为第 n 天的发展水平；

n 为天数。

例 8－2

A 公司 2018 年 11 月 1—5 日每天的出勤人数如表 8－4 所示。试计算 A 公司 11 月 1—5 日的平均出勤人数。

表 8－4　**A 公司 2018 年 11 月 1—5 日职工出勤数**

日期	1 日	2 日	3 日	4 日	5 日
职工人数(人)	100	105	106	108	110

则：

$$\bar{a}=\frac{\sum a_i}{n}=\frac{100+105+106+108+110}{5}=105.8(\text{人})$$

b.间隔不等的连续时点数列。此数列的统计资料并非逐日登记和排列，而是根据研究时期内每次变动的资料进行分组，因此可以以每次变动的间隔为权数，用加权算术平均数的方法计算。公式如下：

$$\bar{a}=\frac{\sum af}{\sum f} \qquad (\text{式 } 8-3)$$

式中，f 为权数，即时间间隔；

其他符号与前同。

例 8—3

A 公司 2018 年 6 月工人人数资料如表 8—5 所示。

表 8—5　　A 公司 2018 年 6 月工人人数统计资料

日期	工人数 a_i（人）	间隔时间 f（日）	af
1～5	201	5	1005
6～15	210	10	2100
16～18	205	3	615
19～30	215	12	2580
合计	831	30	6300

$$\bar{a}=\frac{\sum af}{\sum f}=\frac{6300}{30}=210(\text{人})$$

②间断时点数列的平均发展水平

间断时点数列是指按月末、季末或年末登记取得料的时点数列。它有两种情况，间隔相等的间断时点数列和间断不等的间断时点数列。

a.间断时点数列的序时平均数。若掌握间隔相等的期初或期末资料，可将两个相邻时点的指标值相加除以 2，得到这两个时点之间的平均数，然后根据这些平均数，在用简单算术平均法，求得整个数列的平均数，这种方法叫首末折半法，其计算公式为：

$$\bar{a}=\frac{\frac{1}{2}a_1+a_2+\cdots+a_{n-1}+\frac{1}{2}a_n}{n-1} \qquad (\text{式 } 8-4)$$

例 8—4

A 公司 2018 年上半年职工人数资料如表 8—6 所示，请计算 A 公司 2018 年上半年月平均职工人数。

表 8－6　　A 公司 2018 年上半年职工人数统计资料

日期	1月1日	2月1日	3月1日	4月1日	5月1日	6月1日	7月1日
职工数(人)	250	260	280	280	300	270	290

计算过程如下：

$$1\text{月平均职工人数}=\frac{a_1+a_2}{2}=\frac{250+260}{2}=255(\text{人})$$

$$2\text{月平均职工人数}=\frac{a_2+a_3}{2}=\frac{260+280}{2}=270(\text{人})$$

$$3\text{月平均职工人数}=\frac{a_3+a_4}{2}=\frac{280+280}{2}=280(\text{人})$$

$$\text{一季度各月平均职工人数}=\frac{\text{一季度各月平均职工人数之和}}{3}=\frac{255+270+280}{3}=268.33(\text{人})$$

将以上两项合并即为：

$$\text{一季度平均职工人数}=\frac{\frac{250+260}{2}+\frac{260+280}{2}+\frac{280+280}{2}}{3}=\frac{\frac{250}{2}+260+280+\frac{280}{2}}{4-1}$$

$$=268.33(\text{人})$$

b.间隔不等的时点数列。间隔不等的时点数列的序时平均数，可将时间数列的间隔长度作为权数，将各相应时点的平均水平加权，用加权算术平均数的方法计算。这种方法称为“加权算术平均法”，其计算公式如下：

$$\bar{a}=\frac{\frac{a_1+a_2}{2}\times f_1+\frac{a_2+a_3}{2}\times f_2+\cdots+\frac{a_{n-1}+a_n}{2}\times f_n}{\sum f} \qquad (\text{式 } 8-5)$$

式中：f 表示间隔长度，其他符合同上。

例 8－5

A 公司 2018 年全年月职工人数如表 8－7 所示，请计算 A 公司 2018 年全年月平均职工数。

表 8－7　　A 公司 2018 年全年职工人数统计资料

日期	1月1日	3月1日	7月1日	12月1日	12月31日		
职工人数	1000	1050	1080	1100	1020		

表 8－7 提供了五个时点的指标数值，以“月”为单位进行计量，则时点间隔长度分别是 2 个月、4 个月、5 个月和 1 个月，A 公司 2018 年全年月职工人数为：

$$\text{全年月平均人数}=\frac{\frac{1000+1050}{2}\times 2+\frac{1050+1080}{2}\times 4+\frac{1080+1100}{2}\times 5+\frac{1100+1020}{2}\times 1}{2+4+5+1}$$

$$=\frac{1025\times2+1065\times4+1090\times5+1060\times1}{12}=1068.33(\text{人})$$

2.相对指标时间数列序时平均数的计算

相对数时间数列是由两个相互联系的时间数列对比所形成，而且相对指标比较基数不同不能直接相加，所以，计算相对指标时间数列的序数平均数时，应先求出构成这个相对指标时间数列的两个总量指标时间数列的时序平均数，然后再将这两个序时平均数对比，求得相对指标时间数列的时序平均数。计算公式如下：

$$\bar{c}=\frac{\bar{a}}{\bar{b}} \qquad (式 8-6)$$

式中：$\bar{c}$ 为相对指标时间数列的时序平均数；

$\bar{a}$ 为分子数列的时序平均数；

$\bar{b}$ 为坟分母数列的时序平均数。

(1)分子、分母都是时期数列，其序时平均数分别用简单算术平均数计算，相对数时间数列的时序平均数的计算公式为：

$$\bar{a}=\frac{a_1+a_2+\cdots+a_n}{n}=\frac{\sum a_i}{n}$$

$$\bar{b}=\frac{b_1+b_2+\cdots+b_n}{n}=\frac{\sum b_i}{n}$$

所以：

$$\bar{c}=\frac{\bar{a}}{\bar{b}}=\frac{\sum a_i}{\sum b_i} \qquad (式 8-7)$$

例 8-6

A 公司 2018 年第一季度各月销售各计划完成情况如表 8-8 所示，试计算第一季度的平均完成率。

表 8-8　　A 公司 2018 年第一季度各月销售计划完成情况统计资料表

项目	1 月	2 月	3 月
计划数(万元)	200	240	250
实际数(万元)	210	260	280
计划完成率(%)	105	105	112

第一季度的平均完成率为：

$$\bar{c}=\frac{\bar{a}}{\bar{b}}=\frac{\sum a_i}{\sum b_i}=\frac{210+260+280}{200+240+250}\times100\%=109\%$$

分子、分母均为时点数列。此时相对数时间数列序时平均数的计算公式为：

$$\bar{c}=\frac{\bar{a}}{\bar{b}}=\frac{\frac{a_1}{2}+a_2+\cdots+a_{n-1}+\frac{a_n}{2}}{\frac{b_1}{2}+b_2+\cdots+b_{n-1}+\frac{b_n}{2}} \qquad (式 8-8)$$

例 8－7

A 公司 2018 年第二季度的职工人数资料如表 8－9 所示，计算 A 公司 2018 年第二季度生产工人占全部职工人数的平均比重。

表 8－9　　A 公司 2018 年第二季度的职工人数统计资料

项目	3 月末	4 月末	5 月末	6 月末
生产工人数(人)	800	820	830	860
全部职工数(人)	100	1030	1040	1100
生产工人所占比重(%)	80.0	79.6	79.8	78.2

A 公司第二季度生产工人占全部职工人数的平均比重为：

$$\bar{c}=\frac{\bar{a}}{\bar{b}}=\frac{\frac{a_1}{2}+a_2+\cdots+a_{n-1}+\frac{a_n}{2}}{\frac{b_1}{2}+b_2+\cdots+b_{n-1}+\frac{b_n}{2}}=\frac{\frac{800}{2}+820+830+\frac{860}{2}}{\frac{1000}{2}+1030+1040+\frac{1100}{2}}=79.5\%$$

3.**平均指标时间数列序时平均数的计算**

平均数时间数列序时平均数的计算，可分以下两种情况：

(1)一般平均数组成的平均数时间数列计算序时平均数。此时，平均数时间数列类似相对数时间数列，故可采取如下计算公式计算：

$$\bar{c}=\frac{\bar{a}}{\bar{b}}=\frac{\sum a_i}{\sum b_i} \quad \text{(式 8－9)}$$

例 8－8

A 公司 2018 年度第三季度工人数和总产值资料如表 8－10 所示，试计算该公司第三季度的劳动生产率。

表 8－10　　A 公司 2018 年第二季度的职工人数统计资料

项目	7 月	8 月	9 月	10 月
月初人工数(人)	1850	2000	2050	2100
总产值(万元)	260	290	310	300

第三季度月平均总产值为：

$$\bar{a}=\frac{260+290+310}{3}=287.67(\text{万元})$$

第三季度平均人工数为：

$$\bar{b}=\frac{\frac{1850}{2}+2000+2050+\frac{2100}{2}}{4-1}=2008.33(\text{人})$$

所以，第三节度平均月劳动生产率为：

$$\bar{c}=\frac{\bar{a}}{\bar{b}}=\frac{287.76}{2008.33}=0.1432(\text{万元/人})$$

（2）由平均数组成的平均数时间数列计算平均发展水平。如果时间数列中各个时间间隔相等，可用简单算术平均法计算平均水平，如果数列中时间间隔不相等，则采用加权算术平均法计算平均发展水平。计算公式如下：

$$\bar{c}=\frac{\sum\bar{a}}{n}\text{或}\bar{c}=\frac{\sum\bar{a}f}{\sum f} \quad (\text{式 8—10})$$

例 8—9

某商场 2018 年某商品各季度月均销售额如表 8－11 所示，试计算该商场全年的月平均销售额。

表 8－11　　**某商场 2018 年各季度月平均销售额的统计资料**

项目	一季度	二季度	三季度	四季度
月平均年销售额（万元）	150	200	180	210

则全年的平均月销售额为：

$$\bar{c}=\frac{\sum\bar{a}}{n}=\frac{150+200+180+210}{4}=185(\text{万元})$$

例 8—10

2018 年某市旅游业平均营业资料如表 8－12 所示，试计算该城市旅游业全年的月平均营业额是多少？

表 8－12　　**某市 2108 年旅游业月平均营业额的统计资料**

项目	1 月	2—3 月	4—8 月	9—11 月	12 月
月平均年销售额（万元）	90	100	140	150	80

则该市旅游业的月平均营业额为：

$$\bar{c}=\frac{\sum\bar{a}f}{\sum f}=\frac{900\times1+100\times2+140\times5+150\times3+80\times1}{12}=68.33(\text{万元/月})$$

§ 8.2.3 时间数列的增长量

增长量又称增减量，是指报告期发展水平与基期发展水平的差额，用以说明社会经济现象在一定时期内增减变化的绝对数量。其基本计算公式如下：

增长量＝报告期发展水平－基期发－基期　　（式 8—11）

增长量可为正值，也可为负值。如果计算结果是正值，则表示增长的绝对量；如果计算结果是负值，则表示减少或降低的绝对量。有些现象的增长量为正值时较好，如利润额的增长量等；而有些现象的增长量为负值较好，如产品单位成本的增长量等。在计算增长量时，由于研究的日的不同，选择的基期也不同。通常，增长量指标可分为逐期增长量和累计增长量。

1.**逐期增长量**

逐期增长量又称环比增长量，是指报告期水平与前期水平之差，用以表明报告期较前期增减变化的绝对量。其用符号表示为：

$$a_1-a_0，a_2-a_1，a_3-a_2，\cdots，a_n-a_{n-1}$$

2.**累计增长量**

累计增长量又称定基增长量，是指报告期水平与某一固定基期水平(通常为最初水平)差，用以表明报告期较某一固定基期增减变化的绝对量。其用符号表示为：

$$a_1-a_0，a_2-a_1，a_3-a_2，\cdots，a_n-a_{n-1}$$

式中，a_0 为前期水平；a_i 为报告期水平。

逐期增长量和累计增长量虽然是分别根据不同的基期计算的，但它们之间却存在着一定的联系。这种联系具体表现为：累计增长量等于相应的各个逐期增长量之和；逐期增长量等于相邻的两个累计增长量之差。其用符号表示如下：

$$a_n-a_0=(a_1-a_0)+(a_2-a_1)+(a_3-a_2)+\cdots+(a_n-a_{n-1})$$

$$a_n-a_{n-1}=(a_n-a_0)-(a_{n-1}-a_0)$$

例 8－11

根据表 8－13A 公司 2013—2018 年的销售资料计算累计增长量和逐期增长量。

表 8－13　　**A 公司 2013—2018 年的销售资料**

年份	2013	2014	2015	2016	2017	2018
销售额(万元)	992.6	1096.2	1203.7	1358.8	1598.3	1830.8
	a_0	a_1	a_2	a_3	a_4	a_5
累计增长量	—	103.6	211.1	366.2	605.7	838.2
	—	a_1-a_0	a_2-a_0	a_3-a_0	a_4-a_0	a_5-a_0
逐期增长量	—	103.6	107.5	155.1	239.5	232.5
	—	a_1-a_0	a_2-a_1	a_3-a_2	a_4-a_3	a_5-a_4

§8.2.4 时间数列的平均增长量

平均增长量是说明某种现象在一段时期内平均每期的增长数量。它是逐期增长量的平均数，等于逐期增长量之和除以增长量的个数，由于各个逐期增长量之和等于累计增长量，所以也可以用累计增长量除以事件数列的项数减 1 求得。其计算公式如下：

$$平均增长量=\frac{逐期增长量之和}{逐期增长量项数}=\frac{累计增长量}{动态数列项数}$$

$$=\frac{(a_1-a_0)+(a_2-a_1)+\cdots+(a_n-a_{n-1})}{n}$$

$$=\frac{a_n-a_0}{n} \qquad (式 8-12)$$

例 8—12

根据表 8—13A 公司 2013—2018 年销售额增长量统计资料计算平均增长量。

$$销售额平均增长量=\frac{103.6+107.5+155.1+239.5+232.5}{5}=167.64(万元)$$

或者：

$$销售额平均增长量=\frac{838.2}{5}=167.64(万元)$$

§8.2.5 发展速度与增长速度

1.发展速度

发展速度指标是反映社会经济发展的重要指标，它是反映某种社会经济现象发展程度的相对指标，是时间数列中每两两时间发展水平对比的结果，用来说明报告期水平已发展为基期水平的若干倍或百分之多少。计算发展速度指标的一般公式为：

$$发展速度=\frac{报告期水平}{基期水平}\times 100\% \qquad (式 8-13)$$

发展速度通常以百分数表示，发展速度大于 100%表示上升，小于 100%表示下降。当发展速度很大时也可以以倍数表示，比如我们常说的“翻两番”就是以倍数关系表示的。由于对比基期的不同，发展速度又可分为定基发展速度和环比发展速度。

(1)定基发展速度是动态数列中各报告期水平与某一固定基期水平(固定基期一般是最初水平，有时可以是某一特殊水平)之比，表明经济现象在一段时间内总的发展变化速度，也称为总速度。其计算公式为：

$$定基发展速度=\frac{报告期水平}{固定基期水平}\times 100\% \qquad (式 8-14)$$

(2)环比发展速度是动态数列中报告期水平与前一期水平之比。反映现象逐期发展变动的程度。如果计算的单位时间为一年，这个指标也可叫作年速度。其计算公式为：

$$环比发展速度=\frac{报告期水平}{报告期的前一期水平}\times 100\% \qquad (式 8-15)$$

例 8—13

根据表 8—13 A 公司 2013 年的销售额资料计算定基发展速度和环比发展速度如表 8—14 所示。

表 8－14　　　　A公司2013年的销售额资料

年份		2013	2014	2015	2016	2017	2018
销售额(万元)		992.6	1096.2	1203.7	1358.8	1598.3	1830.8
		a_0	a_1	a_2	a_3	a_4	a_5
定基发展速度(%)		—	110.44	121.27	136.89	161.02	184.44
		—	a_1/a_0	a_2/a_0	a_3/a_0	a_4/a_0	a_5/a_0
环比发展速度(%)		—	110.44	109.81	112.89	117.63	114.55
		—	a_1/a_0	a_2/a_1	a_3/a_2	a_4/a_3	a_5/a_4

(3)定基发展速度和环比发展速度的数量关系

①各环比发展速度的连乘积等于定基发展速度，即：

$$\frac{a_n}{a_0}=\frac{a_1}{a_0}\times\frac{a_2}{a_1}\times\cdots\times\frac{a_n}{a_{n-1}}$$

根据表8－14的统计资料，则

$$184.44\%=110.44\%\times109.81\%\times112.89\%\times117.63\%\times114.55\%$$

②已知两相邻的定基发展速度，便可求对应的环比发展速度：

$$\frac{a_n}{a_{n-1}}=\frac{a_n}{a_0}\div\frac{a_{n-1}}{a_0}$$

根据表8－14资料，则：

$$114.55\%=184.44\%\div161.02\%$$

2.增长速度

增长速度又称为增减速度，是报告期增长量与基期发展水平之比。反映现象数量增长方向和程度的动态相对指标。一般用百分数或倍数表示。其计算公式为：

$$\begin{aligned}增长速度&=\frac{增长量}{基期水平}\times100\%\\&=\frac{报告期水平-基期水平}{基期水平}\times100\%\\&=\frac{报告期水平}{基期水平}-1\end{aligned}\qquad(式8－16)$$

增长速度指标可正可负。正直表示增加的程度，又称增长率；负值表示降低或减少的程度，又称降低率。增长速度同样由于比较的基期不同，分为定基增长速度和环比增长速度。

①定基增长速度：以某一固定基期水平为对比基础，将报告期累计增长量除以某一固定基期发展水平而得到的比值，表明现象在这一时期内增长的程度。其计算公式为：

$$\begin{aligned}定基增长速度&=\frac{累计增长量}{固定基期水平}\times100\%\\&=\frac{报告期水平-固定基期水平}{固定基期水平}\end{aligned}$$

$$=定基发展速度-1=\frac{a_n}{a_0}-1 \quad (式\ 8-17)$$

②环比增长速度：报告期的逐期增长量与前一期发展水平的比值。表示经济现象的逐期增长速度，其计算公式如下：

$$环比增长速度=\frac{逐期增长量}{前期发展水平}\times 100\%$$

$$=\frac{报告期水平-前一期发展水平}{前一期发展水平}\times 100\%$$

$$=环比发展速度-1 \quad (式\ 8-18)$$

例 8－14

根据表 8－13 A 公司 2013—2018 年的销售资料计算定基增长速度和环比增长速度如表 8－15 所示。

表 8－15　　　　A 公司 2013—2018 年的销售资料

年份	2013	2014	2015	2016	2017	2018
销售额(万元)	992.6	1096.2	1203.7	1358.8	1598.3	1830.8
	a_0	a_1	a_2	a_3	a_4	a_5
定基发展速度(%)	—	10.44	21.27	36.89	61.02	84.44
	—	$(a_1/a_0)-1$	$(a_2/a_0)-1$	$(a_3/a_0)-1$	$(a_4/a_0)-1$	$(a_5/a_0)-1$
环比发展速度(%)	—	10.44	09.81	12.89	17.63	14.55
	—	$(a_1/a_0)-1$	$(a_2/a_1)-1$	$(a_3/a_2)-1$	$(a_4/a_3)-1$	$(a_5/a_4)-1$

3.平均发展速度和平均增长速度

(1)平均发展速度

由于受各种因素的影响，时间数列中各个时期的速度指标数值参差不齐。为了从整体上掌握时间数列速度变化的数量特征，需要确定每个速度指标数值的一般水平，这个指标就是平均发展速度。

平均发展速度是各期环比发展速度的序时平均数，反映被研究现象在一定的发展阶段内逐年平均发展的变化程度。虽然平均发展速度也是一种序时平均数，是各期环比发展速度的序时平均数，但环比发展速度是根据时间数列中前后项指标对比得来的相对指标时间数列，不同于由两个总量指标对于所构成的相对指标时间数列，所以不能按上述计算序时平均数的方法计算。在实际工作中运用两种计算平均发展速度的方法，即几何平均法(水平法)和方程式法(累计法)。

①几何平均法。按照几何平均数的计算原理，先计算现象各项环比发展速度的连乘积，然后对连乘积按环比发展速度的项数求方根而得。其计算公式如下：

$$\bar{x}=\sqrt[n]{x_1\times x_2\times\cdots\times x_n}=\sqrt[n]{\Pi x}$$

$$=\sqrt[n]{\frac{a_1}{a_0}\times\frac{a_2}{a_1}\times\cdots\times\frac{a_n}{a_{n-1}}}=\sqrt[n]{\frac{a_n}{a_0}}=\sqrt[n]{R} \qquad \text{（式 8－19）}$$

式中：$\bar{x}$ 表示平均发展水平；

x 表示各年环比发展速度；

n 表示环比发展速度的项数；

Π 表示连乘符号；

R 表示总速度。

如果时间数列的指标值仍然用 a_0，a_1，a_2，…，a_n 表示，则：

$$x_1=\frac{a_1}{a_0},\ x_2=\frac{a_2}{a_1},\ x_n=\frac{a_n}{a_{n-1}}$$

几何平均法是计算平均发展速度最常用的方法。利用它不见可以计算平均速度指标，而且还可以推算期末水平和时间。

例 8－15

根据表 8－14 的统计资料计算 A 公司在 2013—2018 年间的平均发展速度和平均增长速度。平均发展速度 $\bar{x}=\sqrt[5]{110.44\%\times109.81\%\times112.89\%\times117.63\%\times114.55\%}$

$$=\sqrt[5]{\frac{1096.2}{992}\times\frac{1203.7}{1096.2}\times\frac{1358.3}{1203.7}\times\frac{1598.3}{1358.8}\times\frac{1830.8}{1598.3}}$$

$$=\sqrt[5]{\frac{1830.8}{992.6}}=\sqrt[5]{184.44\%}$$

由此可以计算：

平均增长速度＝平均发展速度－1

②方程式法。它以各期发展水平的总和和基期水平之比为基础进行计算。由于方程式法的过程比较复杂，在实际统计工作中可以用事先编好的《平均增长速度查对表》进行查对与应用。

(2)平均增长速度

平均增长速度是说明某一现象在一段时间时期内平均每年增长的程度。平均增长速度比平均发展速度更能明显地说明现象的发展变化程度，其实质也是环比增长速度的平均值。其计算公式如下：

平均增长速度＝平均发展速度－1　　　　（式 8－20）

平均增长速度可正可负，平均增长速度为正，说明现象在这段时期内是逐期递增的，因此也称为平均递增率；平均增长速度为负，说明现象在这段时期内是逐期递减的，因此也称为平均递减增率。平均递增(减)率反映现象在某段时期内平均逐期递增(减)的程度。

例 8－16

根据表 8－14 可知 A 公司 2013 年销售额为 992.6 万元，2018 年的销售额为 1830.8 万元，则 2013—2018 年 A 公司销售额的平均增长速度为多少？

$$平均发展速度\ \bar{x}=\sqrt[5]{\frac{a_5}{a_0}}=\sqrt[5]{\frac{1830.8}{992.6}}=113.09\%$$

平均增长速度＝平均发展速度－1＝113.09％－1＝13.09％

【思考题】

1.时间数列的概念和意义是什么？

2.时间数列的种类有哪些？

3.时间数列的编制原则是什么？

4.时间数列的发展水平是什么？

5.平均发展速度有何发展意义？